KB053659

고독사는 사회적 타살입니다

고독사는 사회적 타살입니다

권종호 지음

현직 경찰관의 눈으로 바라본 고독사 현장

산지니

추천사

『고독사는 사회적 타살입니다』는 고독사의 책임이 모두에게 있다는 다소 도발적인 제목의 책이다. 우선 일선의 현직 경찰관이 고독사 관련 책을 출판했다는 사실 자체가 뉴스다. 우리 사회가 고독사 문제에 대해 사실상 손을 놓고 있다는 이야기다. 오죽 답답했으면 경찰이 직접 나서서 고독사 문제에 대한 책임을 묻고 대책을 요구할까.

부산 지역에서 고독사는 잊힐 만하면 발생하지만 대부분 단편적인 사건 기사로 소비되고 있다. 한 번은 개인적인 관심으로 포털사이트에서 '고독사'를 검색해 보았더니 유품정리업체나 특수청소의 사이트를 소개하는 광고가 너무 줄줄이 떠서 놀란 적이 있다. 이 같은 업체의 난립은 돈이 된다는 뜻이고, 고독사 사례가 알려진 것보다 훨씬 많다는 사실을 짐작할 수 있었다.

특히 부산은 '노인과 바다'의 도시라고 불릴 정도로 노인 인구가 많다. 부산은 국내 대도시 중 유일하게 초고령사회로 이름을 올렸다. 그런데 부산시 발표에 따르면 부산의 고독사는 2017년 40명 수준에서 2021년 14명으로 최근 5년간 감소 추세에 있다고 한다. 고독사 추이를 엿볼 수 있는 지표로 꼽히는 부산의 무연고 사망자는 꾸준히 증가 추세다. 고령의 1인 가구는 늘고 있는데 고독사는 줄고 있다는 통계를 곧이곧대로 믿어도 되는 것일까.

이 책을 읽고 나서야 비로소 상황이 이해되었다. 정부는 고독사 예방이라는 명목으로 적지 않은 예산을 쓰고 있지만, 고독사로 정의하는 기준은 불분명한 실정이다. 유족이나 집주인으로서는 고독사라는 불명예스러운 소문이 나길 원치 않고, 사망한 지 며칠이 지나야 고독사로 판정하는지 기준이 없으니 고독사 통계에서 빠지는 경우가 많은 것이다. 정부와 지자체가 고독사 문제의 심각성을 깨닫기 위해서는 현장에 나가서 살펴야 한다.

저자와의 관계는 내가 쓴 고독사 관련 기사에 대해 그가 보낸 이메일에서 시작되었다. "나는 고독사에 관심이 많은 현직 경찰이다. 그동안에 나온 기사들은 대부분 고독사를 단편적인 사건으로만 다뤄서 아쉬웠다. 당신은 고독사 문제에 좀 관심을 가지고(그래도 부족하지만) 쓴 것 같은데 시간 나면 차나 한잔하자"였던 것으로 기억한다. 그 당당함에 이끌리고 어떤 사람인지 궁금해 바로 만나자고 답장을 보냈다. 하지만 우리의 만남은 마침 벌어진 화물연대 파업 사태로 한참 뒤에야 성사가 되었다.

막상 만나 보니 서로 놀라고 말았다. 공교롭게도 이름이 같고(성은 다르지만) 심지어 나이까지 같았기 때문이다. 그와의 만남이 이어지며 현직 경찰로서의 풍부한 경험과 고독사에 대한 오랜 관심으로 축적된 생각들을 내버려 두기에는 아깝다는 생각이 들었다. 마침 우리 사회에는 고독사 문제를 제대로 다룬 책이 아직 단 한 권도 나와 있지 않았다. 그래서 그가 고독사 문제에 관한 책을 쓰면 좋겠다고 권해, 지금 이렇게 추천사까지 쓰게 되었다. 소중한 인연이라고 생각한다.

한 가지 아쉬운 점은 책이 생각보다 너무 빨리 나왔다는 사실이다. 조금 더 조사하고 한 번 더 숙고해 저자가 가진 것들을 글로 풀어냈다면 훨씬 더 알찬 내용이 되었을 것이다. 하지만 저자가 서두른 데도 이유가 있었다. 이 책에는 한밤중에 다음 날의 특수청소 의뢰를 받고는 자살을 암시하는 것으로 판단하고 바로 출동해 소중한 목숨을 살린 사례가 나온다. 사람의 목숨보다 소중한 게 없다. 급속한 고령화와 함께 1인 가구가 빠르게 증가하고 있다. 게다가 경제가 어려워지면서 고독사는 갈수록 늘어날 것이다. 우리 사회에 고독사 문제의 위험성을 알리는 게 무엇보다 시급하다. 이 책의 영향으로 제대로 된 고독사 대책이 나와 너무나도 서글픈 죽음이 줄어들기를 진심으로 기대한다.

박종호
부산일보 수석논설위원

프롤로그

'젊은 경찰관이여 조국은 그대를 믿는다.'

중앙경찰학교에 가면 제일 먼저 눈에 띄는 글자다.

피가 끓는다. 조국을 위해, 국민을 위해 몸과 마음을 바쳐 충성할 것을 다짐한다.

"충성! 신고합니다. 순경 권종호는 1991년 10월 5일부터 한국경찰서로 근무지를 명 받았기에 이에 신고합니다."

이렇게 꽃다운 25세의 청춘은 국민의 생명, 신체, 자유를 지키는 경찰관이 되었다. 시간이 흘러 2005년 범죄를 소탕하겠다며 천방지축 날뛰는 망아지 같은 형사가 된 나는 또 다른 살인 사건을 배당받았다. 사망자는 이 시대의 독거노인. 피의자는 대한민국, 바로 이 나라의 사회였다. 나는 이 사건을 이렇게 부른다.

"사회가 방치한 또 다른 범죄 고독사"

두 번 다시 이런 부작위에 의한 살인 사건이 일어
나지 않도록 고독사가 무엇인지, 고독사의 비참함, 망
자의 고독함, 남은 자의 후회를 사람들에게 알리고
싶다. 다음 차례는 당신일 수 있다고….
그렇다고 너무 걱정하지 말자. 고독사는 두려움의
대상이 아니라 극복할 수 있는 것이다.

17년 전 나는 국가유공자의 참혹한 고독사 현장을
보았다. 이 사건은 전형적인 고독사(병사)로 종결되
었지만 나는 '부작위에 의한 살인'이라고 생각한다.
나의 조국 대한민국과 오늘날의 사회를 살인사건의
피의자로 인지하고, 그들이 방치한 죽음을 고발하고
자 한다.
인간은 누구나 죽는다. 고독한 사람이든, 고독하지
않은 사람이든, 죽음은 누구에게나 평등하다. 어떻게

죽는 것이 삶을 아름답게 마무리하는 좋은 죽음인지 아는 사람은 없는 것 같다. 또한 그것을 실천하는 사람도 없는 것 같다.

죽음은 한 사람의 마지막을 정리하는 장이다. 어떻게 생애를 깔끔하게 정리하였는가에 따라 인생의 마지막 장을 아름답고 품위 있게 장식할 수도 있고 그렇지 않을 수도 있다.

고독사는 죽은 뒤에 더 많은 문제를 남긴다. 가족이나 지인, 이웃들에게 지울 수 없는 정신적 충격을 남기기도 한다. 사랑하는 사람에게 상처를 남기고 떠나고 싶은 사람은 없을 것이다. 죽음은 누구도 피할 수 없지만 고독사는 피할 수 있다.

아름답고 품위 있는 죽음을 준비하는 데 도움이 되었으면 하는 마음에 고독사의 사례를 소개하고 편안하게 살다가 죽을 권리가 보장되는 제도를 구상해 보았다. 한 사람의 마지막이 고독하게 끝나지 않기를 바란다.

차례

3장 남은 자들의 선택

1장

노인 고독사

무연사회

　고독사가 생겨난 배경은 무엇일까? 우리는 대가
족이라는 유연(有緣) 속에서 농밀한 인간관계와 밀
접한 가족관계를 유지하며 살았다. 그러나 고도경제
성장기에 들어서면서 산업구조가 농업이나 어업에
서 대도시 중심의 공업과 서비스업 중심으로 변화하
였고 엄청난 노동력이 필요해졌다. 그들은 풍요롭고
행복한 삶을 실현시킬 수 있다는 믿음으로 농밀한
인간관계가 형성된 유연사회 대신 무연사회(無緣社
會)를 선택했다. 이제 우리는 무연사회가 무엇인지
알아야 한다.

　2차대전 패전국으로 살아남은 일본은 한국전쟁을
기회로 경제성장을 시작하였고, 전 세계 가전제품은

'메이드 인 재팬'이 점령하였다. 너 나 할 것 없이 소니 카세트를 착용하고, 헤드폰에서는 <RUN>, <긴기나 기니> 같은 노래가 흘러나온다. 바쁜 것도 없는데 시간을 자주 본다. 시계는 카시오다. 신발은 나이키를 제치고 "아식스맨이 스포츠맨이다" 열풍이 분다.

이렇게 영원할 줄 알았던 일본의 경제는 옛말이 되었다. 도쿄의 땅값을 전부 다 합치면 미국을 살 수 있다는 일본의 부동산 경제는 한순간에 버블이 되었다. 일본의 멈춰 버린 30년의 시작이었다. 호사스러운 일본 경제를 경험한 그 시절 젊은이는 이제 노인 인구에 포함되었고, 노후문제를 걱정하는 그들이 현금을 들고 소비하지 않자 일본의 폭락은 가속화되었다. 2010년 NHK방송이 '무연사회'를 다큐멘터리로 제작, 방송하여 일본 사회를 다시 한번 더 충격에 빠져들게 하였다.

'무연사회'란 무엇인가?

일본의 유명한 종교학자 시마다 히로미는 "인간관계가 희박해짐에 따라 바로 옆집에 사는 사람의 죽음조차 쉽게 발견하지 못하는 사회"를 무연사회라고 정의하였다.

독신자라는 말이 막 퍼지기 시작했을 때 그 주요 대상은 30대였으나 지금은 40대까지도 독신자가 늘어가고 있고, 미혼인 채로 50대가 되고, 평생 결혼을 안 하는 사람들도 점차 늘어나면 그들은 고령 독신자가 될 것입니다.

이런 고령 독신자는 무연사, 고독사의 예비군이나 마찬가지입니다. 고독사와 무연사를 두려워하더라도 언젠가는 반드시 죽음이 찾아옵니다. 고독한 인간에게도 고독하지 않은 인간에게도 죽음은 평등하니깐요. 인간이 만들어낸 지혜의 정수인 종교는 우리에게 "사람은 반드시 죽는 존재이고, 죽음이란 본질적으로 고독한 것"임을 가르쳐 주고 있습니다.

죽음에 대한 공포가 널리 퍼지고 있습니다. 물론 누구나 죽음을 두려워하며 자신이 죽는다고 상상하면 두렵기 그지없습니다. 그런데 오늘날 우리가 느끼는 공포는 지금까지와는 성질이 조금 다릅니다. 단순히 죽음이 두려운 것이 아니라 어떻게 죽게 될지를 두려워하기 시작했습니다. 죽음 자체보다는 죽는 방식이 공포의 대상이 된 것입니다. 우리는 고독한 죽음을 두려워합니다. 간병도 받지 못하고 홀로 쓸쓸히 죽는 것이 두렵습니다.

고독사한 사람은 죽은 뒤 며칠이 지나도 발견되지 못할 확률이 높습니다. 누군가 내 죽음을 알아차릴 때까지 며칠씩이나 버려진 것처럼 방치됩니다. 죽음을 주변에 알리기 위해 부패를 하며 송장 썩는 냄새로 주변에 도움을 요청합니다. 그래도 아무도 나를 찾아주지 않으면 그냥 백골인 채로 누군가를 기다립니다. 그것이 고독사입니다.

독거세대가 늘어나고 있습니다. 나이를 먹으면 먹을수록 홀로 살게 될 가능성이 높아집니다. 갈수록 고독사, 무연사가 늘어날 것이고 두려움도 높아질 수밖에 없습니다.

시마다 히로미, 『사람은 홀로 죽는다』에서

2010년 시마다 히로미는 일본의 사회를 한 단어

로 함축해서 '무연사회'라고 했다. 일본은 충격에 빠졌다. 그리고 아직도 그 충격에서 벗어나지 못하고 있다. 그런데 그 충격이 바다 건너 우리나라에 상륙했다.

그러나 우리는 위기를 기회로 바꿀 수 있는 민족이다. 현해탄을 건너온 무연사회를 물리쳐줄 기회가 우리에게는 있다.

사라지는 영웅

　세상이 참 편해지고 있다. 휴대폰 하나로 전 세계 누구와도 대화할 수 있을 만큼 손안에 세상이 펼쳐지고 있다. 먹고 싶은 것은 집 안에서 간단한 클릭만으로 해결되고 겨울철에도 집에서는 반바지에 티셔츠만 입은 채로 생활할 수 있다.

　우리 아버지는 참 좋은 세상이라고 연일 열변을 토하신다. 벌써 두 시간째 쉬지도 않으시고 일제강점기를 건너 한국전쟁을 넘어 이제는 새마을운동으로 진입하고 계신다. 얼굴도 모르는 할아버지, 할머니, 큰아버지부터 집안의 모든 사람들이 주인공으로 나오기 시작하자 나는 슬며시 우리 집 막둥이에게 도움의 시선을 건넨다.

　내 아들은 우리 아버지에게 좋은 친구다. 나도 모

르는 윗대 조상님 이야기를 마치 알고 있다는 듯 고개를 끄덕이고 할아버지 말씀에 호응까지 한다. 유재석 씨처럼 참 맛깔나게 호응을 하니 우리 아버지는 연신 신이 나서 목소리가 커지고 얼굴에는 화색이 돈다. 하지만 결론은 언제나 같다.

"아들 새끼들은 다 필요 없고, 내 죽으면 너거 다 오지 말고 경도랑 재환이만 3일 동안 지켜라."

그렇게 유언 아닌 유언을 마지막으로 나의 아버지는 2년 전 하늘나라 소풍을 가셨다. 우리 아버지는 다행히 나와 내 가족이 지켜보는 가운데 20년 전 먼저 가신 엄마를 찾아 소풍을 떠나셨다.

죽음의 두려움보다는 죽는 방식이 공포가 된 오늘날의 사회에서 임종을 지켜볼 수 있다는 것에 나는 감사함을 느끼고, 아버지의 이마에 마지막 입맞춤을 한다.

"아버지! 당신의 아들로 태어나게 해주셔서 감사합니다. 이제 편안히 눈을 감으세요."

우리 아버지는 다행히 가족 속에서 눈 감으셨지만 불행하게도 홀로 죽음을 맞이하는 사람들이 많다.

망자는 70세 홀로 사시는 분이다.
마지막 식사인 듯 작은 상 위에
다 비우지도 않은 밥과 열지도 않은
반찬통 1개가 눈물과 슬픔으로
남아 있다.

고독사. 처음 고독사라는 말이 나왔을 때는 단순히 노인의 문제로 생각했다. 늙고 경제적 능력이 없는 노인만이 겪는 상황으로 보았던 것이다. 그런데 현재 사회 곳곳에서 들려오는 고독사라는 용어는 노인에게만 한정된 것이 아니다.

고독사의 정의는 혼자 살다가 혼자 숨지고 일정 기간이 지나서 발견되는 외로운 죽음이다. 불과 몇 년 전만 하더라도 1년에 간혹 한두 건씩 발생하던 고독사는 이제 일상다반사로 나오는 지경이 되었다. 그리고 죽는 방식에 대한 새로운 공포가 되었다.

오늘도 나는 고독사 현장에 간다. 망자는 70세 홀로 사시는 분이다. 마지막 식사인 듯 작은 상 위에 다 비우지도 않은 밥과 열지도 않은 반찬통 1개가 눈물과 슬픔으로 남아 있다. 냉장고에는 계란 2개가 전부다. 2평 남짓한 방 안에는 옷가지가 어지럽게 흐트러져 있다. 아마 모든 것을 포기하고 하루하루를 사셨나 보다.

벽에 가족사진이 걸려 있지만 사진 속의 사람은 아

무도 나타나지 않고 있다. 앨범 속에서 고인의 모습을 쉽게 찾을 수 있었다. 사막을 배경으로 윗옷을 벗고 동료분들과 함께 찍은 사진도 보았다. 고인은 시쳇말로 몸짱이었다. 사진 속 건강한 몸에선 고독사의 그림자조차 찾아볼 수 없었다.

보고 싶은 가족을 뒤로한 채 해외에서 국위 선양을 한, 참으로 열심히 사신 분 같은데 어쩌다가 이런 외로운 죽음을 맞이하셨을까. 마음이 아프다. 고인은 무엇을 위해 이렇게 열심히 살았던 것일까. 자신의 마지막이 이렇게 쓸쓸한 죽음이라는 걸 고인은 알았을까? 만약 알았다면 그래도 이렇게 열심히 살았을까?

아마도 열심히 사셨을 것 같다. 우리 아버지가 그렇듯 이분도 자식들에게 배고픔을 물려주지 않기 위해, 가족들을 건사하기 위해 노력했을 것이다. 그런 고인에게 무슨 일이 생겼던 걸까. 무슨 일이 생겼기에 가족들로부터 버림을 받고 절연을 당한 채 쓸쓸히 누워 있는 것일까?

고인은 마지막까지 가족사진을 품에 안고 있었다. 그러나 사진 속 사람들은 끝내 나타나지 않았다.

어느 방송을 통해 '노인 부양문제는 가족이 아닌 사회가 책임을 져야 한다'는 말에 사람들이 과반수 이상 찬성을 한 통계를 보았다.

노인 부양문제…… 부모와 자식 이전에 사람과 사람의 문제라 분명 시시비비가 있을 수 있다. 그래서 망자도 가족과 싸우고 절연을 했을 것이다. 머리로는 이해를 할 수 있다. 그래도 심장이 아파 오는 건 어쩔 수 없다. 우리 사회의 원동력은 여기 쓸쓸히 누워 있는 이런 분들의 피땀으로 이루어졌으니 가족이 등을 돌려도 사회는 보듬어 줘야 한다는 생각을 해 본다.

전쟁 이후 우리는 젊은 청춘들을 산업 역군으로 삼아 파독 광부 또는 간호사로 해외에 내보냈다. 그들은 무더운 사우디아라비아, 쿠웨이트 등의 중동건설 현장에도 파견되었다. 목숨을 걸고 총탄이 비처럼 쏟아지는 베트남전쟁에 참전하기도 했다. 국내 산업역군의 노력도 빠뜨릴 수 없다. 모두 구슬땀을 흘리며 일했다. 이렇게 산업자원이 없는 우리 조국은 젊은 청춘을 앞세워 개인소득 45달러의 가난한 나라에서 2

만 달러의 부유한 나라로 고속 성장했다. 그런데 우리 사회는 그런 분들을 나이 들고 힘이 빠지고 소득이 없다는 이유로 방치해서 이렇게 쓸쓸히 죽게 했다.

앞으로도 고독사는 계속 발생할 것으로 보인다. 그런데 이는 그저 그런 힘 없고 늙어버린 사람이 죽는 게 아니다. 이 나라, 이 사회의 부흥에 큰 역할을 한 우리의 영웅이 사라지고 있는 것이다. 우리의 영웅을 이렇게 쓸쓸하게 보낼 수는 없다.

화랑무공훈장의 주인

임대아파트 5층을 한순간에 뛰어올라 문 입구에서 서성거리고 있는 사람들을 밀친다.

"다들 좀 비켜주세요. 신고자는 누구십니까?"

복도 끝에서 경비 모자를 쓴 사람이 떨리는 목소리로 말한다.

"제가 신고했습니다. 집 안에서 냄새가 심하게 나서……."

10여 평 작은 임대아파트의 출입문이 열리는 순간 현관 입구부터 진동하는 냄새가 집 안의 사정을 알려준다. 한두 번도 아닌데 출동할 때마다 헛구역질이 올라오는 건 도저히 참을 수 없다. 집주인은 외부인의

집주인의 손끝에는 휴대폰이
열려 있다. 아마 사망 직전까지
주변에 도움을 요청한 것 같다.
그러나 그의 곁을 지켜주는
사람은 없었다.

출입을 쉽게 허락하지 않은 듯 작은 복도를 쓰레기 산으로 만들었다.

한 발 한 발 쓰레기를 치우며 싱크대를 지나 거실 겸 방에 도착한다. 방 안의 사정도 녹록지 않다. 작은 문갑 겸 거실장의 서랍 하나가 삐쭉 튀어나와 새초롬하게 인사하는 것 같다. 벽에는 고독사 현장에 빠지지 않는 가족사진과 이미 세상을 떠난 안주인 사진, 그리고 군복을 입고 소총을 멘 집주인이 전우들과 함께 찍은 사진이 보인다.

집주인은 이불을 덮고 잠을 자고 있는 듯하다. 외관은 부패로 인해 거인 형상이 되었다. 이불을 걷어내자 기다렸다는 듯이 수천 마리의 구더기가 세상 밖으로 나오기 위해 꿈틀거린다. 구더기에서 진화한 파리는 쉬지 않고 비행을 한다. 곤충법의학으로 볼 때, 사망시간은 15일이 넘은 것 같다.

집주인의 손끝에는 휴대폰이 열려 있다. 아마 사망 직전까지 주변에 도움을 요청했을 것이다. 그러나 그의 곁을 지켜주는 사람은 없었다. 마지막으로 집주인은 자신의 죽음을 알리고자 송장 썩는 냄새로 주변에 도움을 요청한 것이다.

나는 그 신호를 받고 그의 마지막을 돕기 위해 온 손님이다. 나는 그렇게 생각한다. 아니 그렇게 생각해야 할 것 같다. 인적사항을 파악하기 위해 누워서 미동도 하지 않는 집주인에게 인사를 드리고 소지품을 확인한다. 80세가 넘으신 어르신이다.

거실 서랍 속 손수건은 뭔가를 소중하게 싸매고 있었다. 외부인의 손길이 부끄러운 듯 하얀 손수건은 자신의 속살을 살며시 보여준다. 화랑무공훈장! 두드러진 무공을 세운 군인에게만 수여되는 훈장인데……눈앞에 있는 장면이 나라를 위해 목숨을 바친 결과인가. 훈장 수여자가 왜 이리 참혹한 모습으로 누워 있는가……. 나라가 위급하니 지켜달라고 흔들어 깨우면 당장이라도 일어나 전장으로 나갈 것 같은 사람이 이렇게 힘없이 누워 있다. 울컥하는 마음에 욕이 먼저 튀어나온다.

"XX, 나라 꼴 좋다."

망자에게는 외동아들이 있다. 아들은 형사계 사무실에서 아버지의 신분증을 담담하게 건네받고, 뒤도

돌아보지 않고 나가버린다. 왜 망자와 연락을 하지 않고 사는지, 망자와 무슨 사연이 있어 이러한 일이 생겼는지 묻고 싶다. 뭐라고 답을 할까? 나 혼자만의 추측으로 경찰서를 나서는 유가족의 뒷모습을 바라본다.

이 시대의 영웅, 암울한 현실. 이것이 오늘 사망한 그분 혼자만의 현실일까?

어! 연락처가 바뀌었네

우라질, 도대체 언제쯤 시원해질까? 땀 범벅인 채로 변사현장을 찾아간다. 산복도로 골목길 몇 개를 돌아 겨우 주택가에 도착했다. 집주인이 사색이 되어 우리를 반긴다.

"저기 끝 집입니다."

집주인은 손가락으로 다세대 집 중 하나를 가리키면서 제일 끝 집이라고 한다. 내가 보기에는 다 끝 집인 것 같은데.

"어디요?"

약간 짜증을 내보지만 집주인은 이미 자리를 피하고 없다. 모두 똑같은 출입문이지만 쉽게 찾을 수 있다. 냄새가 길을 알려준다. 냄새의 진원지에 도착한다. 우선 문을 열기 전에 심호흡을 하고 담배에 불을 붙인다. 노크를 한다. 문을 열고 고개를 숙이며 손에 들고 있는 담배를 현관 입구에 놔둔다.

"경찰관입니다. 잠시 들어갈게요."

나는 누구에게 말을 하는 걸까. 어느새 이러한 행동은 변사현장에서 나의 패턴이 되어버렸다. 같이 출동한 신임형사는 어리둥절하며 잔뜩 겁먹은 눈으로 눈총을 쏜다.

"권 형사님 미쳤어요. 아무도 없는 집인데……."

후배의 소리 없는 총알을 피한 채 변사자 앞으로 간다. 이미 형체는 알아볼 수 없지만 변사자는 겨울 파카를 입고 있다. 머리맡 작은 밥상은 거미줄이 처진 밥과 반찬을 담고 있다. 장판이 한 겹, 두 겹 깔려 있고, 화장실과 세면대는 이미 그 기능을 상실한 채로 팽개쳐 있다. 온 방에 구더기가 말라 빈껍데기만 남아 있다. 발걸음을 옮길 때마다 낙엽이 바스러지는 소리가 들린다. '바스락.' 이 소리가 난 참 싫다. 이제는 진짜 낙엽도 밟지 않고 피한다.

이 방에 살아 있는 건 나와 내 동료뿐이다. 망자의

김 씨가 어떻게 살았는지
어떤 사람인지 추측할 수 없다.
그냥 축복 속에 한 사람이
태어났고 외로움 속에 한 사람이
죽었다.

인적사항을 확인하고자 이미 미라가 되어 버린 사체의 주머니를 뒤져보라고 후배에게 지시한다. 후배 형사는 똥 씹은 얼굴로 이러지도 저러지도 안절부절못한다. 나도 꼰대구나. 사실 굳이 그렇게 하지 않아도 된다. 좀 전에 후배의 눈총을 받은 것에 대한 쫌실한 심통이다.

검안결과 병사다. 자리를 피한 집주인을 찾아 변사자에 대해 물어본다. 부산사람은 아니고 외지인인데 1년 전부터 월세 15만 원에 살고 있다. 뭘 하는지 몰라도, 보일 때도 있고 안 보일 때도 있단다. 창고를 둘러보니 공사장에서 사용되는 공구들이 보인다. 아마도 공사장 인부로 일을 하신 듯하다.

인적사항을 확인하고자 방을 뒤져본다. 겨우 작은 문갑 하나가 전부이다. 흔한 앨범도 하나 없다. 옷이라고는 입고 있는 파카와 빨지 않은 옷가지 몇 개뿐. 그렇다면 다른 곳에 주소지가 있지 않을까. 찾아야 한다. 찾아서 시신이라도 가족에게 돌려주어야 한다. 미라 상태라 지문 채취도 힘들어 휴대폰에 저장되어 있는 가족들을 찾는 수밖에 없다.

망자의 휴대폰을 열어본다. 방전된 휴대폰을 충전한 후 통화목록을 살펴본다. 6개월은 족히 지난 마지막 통화를 확인하고 상대방과 통화 시도를 해보지만 알아낸 것은 그의 성이 '김 씨'라는 것뿐이다. 다행히 아들, 딸이 저장되어 있다. 반가운 마음에 전화를 돌린다.

　전화를 받은 사람은 2년 전부터 폰을 사용하고 있는데 김 씨와는 전혀 관련이 없었다. 망자의 아들과 딸이 전화번호를 바꾼 것이다. 최소 2년 전부터 망자는 가족들과 연락을 하지 않았다. 정확히는 연락을 할 수 없어 혼자 지냈을 것이다. 이 생각이 들자 망자가 가진 슬픔의 무게가 가슴을 짓눌렀다.

　어찌어찌 유가족과 통화를 한다. 시신인수 거부할 테니 이런 일로 전화하지 말란다. 자신들에게는 아버지가 없다고. 어떻게 이럴 수가……. 어찌 이런 일이……. 눈물도 나오지 않는다. 하늘을 향해 욕만 내뱉는다. 시신이라도 가족에게 돌려주려는 노력을 몰라줘서 화가 나는 건지, 부모라는 존재 자체를 무시해서 화가 나는지 알 수 없다. 그냥 욕만 할 뿐이다. 어

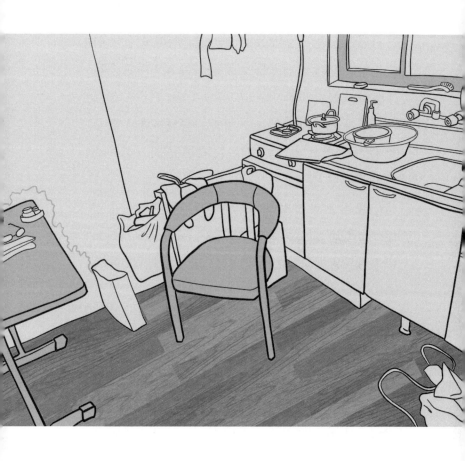

떤 사연이 있는지는 모르겠지만 멱살이라도 잡아 아버지 주검 앞에서 최소한 눈물 흘리는 척이라도 하라고 말하고 싶다.

김 씨가 어떻게 살았는지 어떤 사람인지 추측할 수 없다. 그냥 축복 속에 한 사람이 태어났고 외로움 속에 한 사람이 죽었다.

김 씨 유골은 화장되어 부산영락공원 안치실에 있다. 가족들에게 돌아가지 못한 채로……. 그는 아들과 딸이 있음에도 돌아갈 곳이 없는 무연고자가 되었다. 무연고자.

연고가 없는 것보다는 경제적 여건 또는 사정으로 인해 가족이 시신인수를 거부해 더 많은 무연고자가 생긴다. 미리 무연고자임을 알 수 있는 방법은 없는 걸까. 내 주민등록증에는 '시신기증'이라는 작은 표시가 있다. 이렇게 주민등록증에 무연고자 표시를 해두는 건 어떨까? 그럼 적어도 시신인수를 거부하는 가족 대신 마음 따뜻한 사람들이 모여 고인의 마지막을 위로하는 작은 추모식이라도 해줄 수 있을 텐데.

여보! 사랑해

  '까칠한 천사 경도', '닭 먹은 천사 재환' 내 아들이다. 내 폰에 그렇게 저장되어 있다.

  어디 내놓아도 자랑할 것 없는 부족한 아들이다. 그래도 지금까지 사고 치지 않고 무난히 잘 지내줘서 항상 고맙다. 그런데 2015년 '까칠한 천사 경도'가 사고를 쳤다. 특수청소업체를 운영하고 싶단다. 아빠가 하는 말을 들어보니 특수청소는 미래가 보이는 사업 같다고 한다. 그리고 외로운 사람에게 도움을 주는 그런 사람이 되고 싶다고 한다. 그렇게 우리 까칠한 천사는 다니던 대학교를 중퇴하고 모두가 손가락질을 하는 특수청소를 시작했다. 'solitude0119'라는 이름으로.

모처럼 쉬는 날이다. 아들은 아침부터 분주하다. 청소 의뢰가 들어왔다고 준비를 하는 것이다. 부모는 참 이상하다. 못 들은 척 잠을 자도 되는데 왠지 걱정이 된다.

"아빠가 도와줄까?"

농담으로 한마디 한 것에 코가 꿰일 줄 몰랐다. 학장동 한 아파트에 도착했다. 시신은 이미 장례를 치른 상태이고 아파트 관리사무소에서 청소 의뢰를 했다. 아들은 나의 변사현장 루틴 그대로 작은 추모식을 시작한다. 예전 미국 영화 <스타스키와 허치>처럼 아버지와 아들이 고독사 현장에 서 있다. 아들은 사업으로, 아버지는 형사의 눈으로 고독사 현장을 바라본다.

고독사 현장치고는 상당히 깨끗하다. 냄새와 구더기만 없으면 당장 사람이 들어와서 살아도 될 정도다. 이런 경우는 처음이라 약간 어리둥절하다. 옆집에 사는 할머니가 오셨다. '냄새가 많이 나니깐 소독을 매매(꼼꼼히) 해라' 하신다.

"이 집 영감하고 할마이는 참
사이가 좋았지. 항상 손을 잡고
다녔는데 할마이가 먼저 가고,
할배가 따라갔어."

"이 집 영감하고 할마이는 참 사이가 좋았지. 항상 손을 잡고 다녔는데 할마이가 먼저 가고, 할배가 따라갔어."

두 분은 이웃 주민들 모두가 인정하는 한 쌍의 원앙 부부였다. 달력에 깨알 같은 글이 적혀 있다.

"여보. 사랑해. 조금만 기다려 곧 갈게."

할머니는 일주일 전에 돌아가셨고 장례를 치른 할아버지는 연탄을 피우고 할머니를 따라가셨다. 두 분은 자식이 없었다. 할아버지는 무연고 처리되었다. 작은 농 밑에 흰 봉투가 보인다.

"집사람이 먼저 기다리고 있어 따라가는데 집을 치워주시는 분께 미안한 마음에 식사 값을 남깁니다. 집사람 옷을 한 벌 준비했는데 수고스럽지만 태워주시기를 바랍니다."

편지와 오만원권 2장이 담겨 있다. 아파트에서 청

소를 의뢰한 이유가 밝혀졌다. 할아버지의 따뜻한 마음과 할머니에 대한 사랑이 그대로 느껴진다. 참 많은 변사현장을 가보았지만 이렇게 가슴이 먹먹한 기분은 처음이다. 나도 울고 아들도 울고…….

어떻게 청소를 했는지 모르겠다. 그냥 울면서 일을 한 것 외에는 기억나지 않는다. 할아버지의 마지막 소원대로 할머니의 옷을 작은 사찰에서 태워 보냈다.

"두 손 꼭 잡고 다니시고, 행복하세요."

할아버지는 무연고 처리되었다. 분명 할머니는 할아버지의 사랑으로 좋은 곳에 계실 텐데 할아버지는 영락공원 캐비넷에 10년 동안 계실 것이다. 그리고 10년이 지나면 화장 후 바다나 강에 뿌려지거나 나무, 잔디 밑에 묻힐 것이다. 두 분이 이렇게 멀리 떨어져 있는데 저승에서 만날 수 있을까.

만약에 할아버지가 죽기 전에 할머니와 합장을 요구하였다면…… 할아버지의 시신을 인수해서 합장을 시켜줄 수 있었을까. 연고가 없는 할아버지의 시신을 내가 인수받기에는 너무 큰 장벽이 있다. 그럼 살아생전에 사후계약을 하면 조금 좋아질까. 내가 계약에 의

해 가족 역할을 할 수 있었다면, 죽음을 예방하지는 못
했겠지만 할아버지의 소원은 이루어졌을 것이다.

　살아 계신 두 분을 한 번이라도 뵙고 싶다.

이대로 죽고 싶지 않다

2005년, 에어컨이 쉬지 않고 돌아간다. 하루 종일 얼음물을 마셔도 시원함을 느끼지 못한다. 변사 사건이 발생하여 형사들은 사건현장으로 급히 달려갔다. 현장 문 입구부터 생전 처음 맡아보는 아찔한 냄새와 을씨년스러운 기운이 감돈다. 본능적으로 발걸음을 멈춘다. 용기를 짜내서 문을 여는 순간 천정에서는 작은 바퀴벌레가 떨어지고, 파리는 몸을 때리며 날고 있고, 구더기의 빈 껍질은 발에 밟혀 바삭거린다. 거실 한쪽에 변사체가 있고 그 위에는 온통 하얀색 구더기가 동산을 이루고 있다. 거실에 나와 있는 모든 음식에는 곰팡이가 서려 있다. 그만큼 오랜 시간이 흐른 것이다.

난 강력반 형사다. 많은 사건 현장을 출동한 경험이 있어 웬만한 현장은 코웃음 치는 나다. 그런데 지금 내 머릿속에는 '지옥'이라는 단어가 떠오른다. 구더기를 걷어내고 검시를 한다. 사망 원인은 병사이다. 월세를 내지 않아 집주인이 세입자를 만나러 왔고, 역겨운 냄새에 죽음을 느끼고 신고했다. 사망자는 한국전쟁에 참어한 분이셨다. 사망현장에 망자가 작성한 낙서장이 보인다.

　"이대로 죽고 싶지 않다."

　망자는 자신의 죽음을 받아들이지 못했나 보다. 아니면 자신의 죽음이 사회적 타살이라고 생각한 것인지 의미심장한 다잉 메시지를 남겼다.

　국가유공자. 그는 청춘을 바쳐 이 조국을 수호하였고 국가는 그 보답으로 '국가유공자'라는 칭호를 주었다. 그러나 총알이 빗발치는 전장 속에서도 살아남은 전쟁영웅을 이 사회는 품어주지 못하고 쓸쓸한 죽음으로 내몰았다. 유가족을 찾아서 진술조서를 작성한다.

자식들이 가끔씩
안부전화라도 했다면……
총알이 빗발치는 전장 속에서
살아남은 우리의 영웅은
이렇게 쓸쓸히 가시지 않았을
것이다.

"망자와의 관계는 어찌 되나요?"

"딸요."

"최근 연락을 언제 하였나요?"

"작년쯤요."

"따님의 직업은 무엇인가요?"

"없어요."

"망자와 연락을 끊은 이유가 있나요?"

"그것까지 말해야 해요?"

물어볼 말이 없다. 유가족 조사를 마치고 신고자를 상대로 다시 조사를 시작한다. 신고자는 알고 있는 모든 것을 쉬지도 않고 계속 말한다. 망자는 술을 좋아했단다. 정확히 술이 없으면 잠을 못 잔다고 했단다.

망자는 국가유공자로 결혼을 해서 아들 둘, 딸 한 명을 두었고 어느 정도 사업 수완이 있어 큰 불편 없이 살았단다. 세월이 흘러 자식들은 결혼을 했는데 취업을 하지 못한 장남이 망자에게 손을 벌렸다고 한다. 망자는 "사업 성공하면 편안하게 모신다"는 장남의 말에 속아 살고 있는 집을 넘겼다. 장남의 사업은 실패하였고, 망자는 살고 있는 집을 처분한 뒤 이곳으로 이사를 왔다. 그 사실을 안 차남과 딸은 두 번 다시 망자를 찾지 않았고, 그렇게 망자는 가족들과 절연을 하게 되었다.

국가유공자 보조금이 소득의 전부였고, 그 돈은 모조리 술값이 되어 버렸다.

딸의 냉랭한 진술이 어느 정도 이해는 된다. 가족들은 화가 났을 것이다. 가지고 있는 집이 한순간에 날아갔고 그로 인해 자신에게 돌아올 상속분이 사라졌기에 화가 났을 것이다. 속물인 나는 그렇게 생각했다.

망자의 소지품을 흰머리가 희미하게 보이는 딸에게 건네는 순간 주민등록증의 사진을 보고 딸이 오열한다.

"아빠 미안해, 아빠 미안해."

똑같은 말을 수십 번 되풀이한다.

'아버님도 이해하실 겁니다'라고 말하며 책상에서

휴지를 꺼내 건넸다.

"미안하고 고맙습니다. 큰오빠한테 화가 났는데 오빠가 사라지자 아빠에게 짜증을 냈고…… 내가 찾아가지 않아서 아빠는 죽은 겁니다."

딸은 눈물을 훔친 후 묻는다.

"우리 아빠 어떻게 돌아가셨나요?"

나는 말을 하지 못한다. '홀로 쓸쓸히 고독사를 당했다'고…… 도저히 입이 떨어지지 않는다. 딸은 계속 물어본다.

'자는 동안 편히 눈을 감으셨다. 따님이 보고 싶었는지 가족사진을 안고 있었다' 말하고 자리를 피한다. 딸의 얼굴을 보기가 미안했다. 잠시나마 잘난 척 유가족이 망자를 찾지 않은 이유를 재산문제로 단정 지은 내 자신이 한심했고 미안했다. 딸도 아빠가 보고 싶었구나.

만약에 장남이 집을 담보로 사업을 하지 않았다면…… 자식들이 가끔씩 안부전화라도 했다면…… 총알이 빗발치는 전장 속에서 살아남은 우리의 영웅은 이렇게 쓸쓸히 가시지 않았을 것이다.

"이대로 죽고 싶지 않다"

담배연기가 눈에 들어갔나 보다. 눈이 따갑다.

가족이 필요해

계단을 뛰어올라 301호 앞에 도착했다. 먼저 출동한 소방관들이 출입문 시건장치를 뜯고 있다. 문고리에 부착된 각종 고지서가 대문의 흔들림에 맞추어 이리저리 나부낀다. 그 옆에는 관리소 직원이 손톱을 물어뜯으면서 초조하게 기다리고 있다. 그 문을 열지 않아도 집주인은 이미 사망한 것이 분명하다. 주검의 냄새가 창문 틈새로 흘러넘친다. 이번 현장은 뭔가 다른 것 같다는 생각이 불현듯 스친다. 그때 대문이 활짝 열린다.

"다 되었습니다."

소방관은 자리를 비켜주고 퇴장한다. 이제 우리 차례다. 현관문 입구에는 구더기가 바짝 말라 있다. 구더기에서 진화한 파리도 말라 현관문 입구에 쌓여 있다. 파리도 이곳을 탈출하지 못했나 보다. 그것으로 얼마나 오랜 시간 동안 이 집의 대문이 열리지 않았는지 알 수 있다. 이 현장에서 살아 숨 쉬고 있는 것은 나뿐이다.

현관이 깨끗하다. 닫힌 작은방도 깨끗하다. 싱크대도 비교직 정리가 잘 되어 있다. 냉장고 안도 정리가 잘 되어 있다. 다만 소파와 가죽 제품들이 모두 뜯겨져 있는 게 여느 고독사 현장과는 사뭇 다르다.

거실 한쪽에 먼지 같은 것이 뭉쳐져 있다. 가만히 보니 물기 하나 없이 바짝 마르고, 뼛조각 하나 없이 털만 조금 남아 있는 반려묘의 사체다. 그 반대편에는 반려견의 사체가 말라 굳어 있다. 반려동물들이 미라가 되어 있다.

이제 남은 것은 큰방뿐이다. 반쯤 열려져 있는 큰방을 외면하고 싶다. 아마도 지금의 흔적보다 더했으면 더했지, 결코 덜하지 않을 광경을 보고 싶지 않기 때문이다. 그러나 들어가야 한다. 예상대로 큰방의 바닥은 온통 까맣다. 수백 수천 마리의 구더기와 파리

출입문에는 반려견이 할퀸
자국이 선명히 남아 있다.
철문에 자국이 남을 정도로
대문을 할퀴고, 또 할퀸 것이다.
처음으로 반려동물에게도
숙연한 마음이 든다.

가 말라 새까맣게 온방을 뒤덮고 있다. 온통 까만 세상 속에서 하얀 약봉지가 슬프게 눈에 띈다. 미라다. 한겨울 티셔츠를 입은 미라가 집주인이다.

그런데 다른 현장에서 본 미라와 다른 점이 있었다. 사체의 훼손상태가 심하다. 쉽게 추측이 가능하다. 주인은 병으로 세상을 떠났다. 주인이 사망하자 배가 고픈 반려동물이 주인의 사체를 훼손하였을 것이다. 시간이 지나자 주인으로부터 더 이상 먹을 것이 없음을 알아차린 반려견이 반려묘를 잡아먹은 것이다. 뼈까지……. 반려묘의 사체가 당시의 상황을 말해주는 듯하다. 반려견은 살기 위해 가죽으로 된 집 안의 가구마저 모두 물어뜯어 먹었을 것이다. 그러나 마지막으로 남은 반려견도 시간이 지남에 따라 미라가 되었다.

출입문에는 반려견이 할퀸 자국이 선명히 남아 있다. 철문에 자국이 남을 정도로 대문을 할퀴고, 또 할퀸 것이다. 처음으로 반려동물에게도 숙연한 마음이 든다.

망자는 집주인으로, 60이 넘은 여성분이다. 반려

동물과 생활을 하다가 지병으로 세상을 떠났다. 혼자 사셨는지 거실에는 망자의 젊은 시절 사진, 즐거운 여행지에서의 사진뿐이다. 망자는 재산이 상당히 있었다. 그동안 연락도 없이 지낸 사촌 형제들이 유가족으로 나섰다. 많은 죽음을 보았지만 나는 이번 현장에 유독 애잔하고, 분노가 치밀어 오르고, 숙연해지는 등 종잡을 수 없는 심정이 교차한다.

　망자는 재산이 있어 복지혜택을 받을 수 없었다. 복지 사각지대에서 망자는 고독하고 처참하게 삶을 마감했다.

2장

청년 고독사

옥탑방

어릴 적 분가해서 옥탑방에 혼자 사는 꿈을 꾼 적이 있다. 저녁이면 옥탑방에 불을 켜고 천막 밑에서 친구들과 술을 마시고 노는 생각만으로 행복했다. 나에게 옥탑방은 부모님으로부터의 탈출구였고 동경의 대상이었다. 그런 옥탑방에 가고 있지만 마음은 더 없이 무겁다.

10월의 더위는 5층까지 올라가는 나에게 기분 나쁜 찜찜함을 선물한다. 도착도 하기 전에 이제는 제법 익숙한 냄새가 "여기다, 빨리 와" 도움의 손짓을 한다.

집주인의 낯빛은 하얗다. 안 보고 살아도 되는 것을 본 충격 때문인지…… 젊은 청춘이 허무하게 천사가 되어버린 안타까움 때문인지…… 마음의 준비를 하고 습관적으로 담배를 문다.

현장의 출입문을 여니 바로 싱크대가 보인다. 싱크대와 행거를 연결한 옷걸이에는 겨울옷들이 수북이 쌓여 조리대까지 침범한 상태다. 냉장고에는 꽁꽁 얼어 있는 검정 비닐봉투가 있다. 식사를 한 흔적은 어디에서도 찾을 수 없다.

눈을 돌려 두어 평 남짓한 방 겸 거실을 본다. 벽에는 깨끗한 양복이 애처롭게 걸려 있다. 옷 주인은 저 양복을 입고 출근하는 꿈을 키웠을 것이다. 밥상 위에 TV가 올려져 있고 바닥에는 담요와 전기장판뿐이다. 검소하다고 표현하기에는 세간살이가 너무 없다.

전기장판의 다이얼은 '취침'에 고정되어 있다. 마치 피곤에 지친 집주인을 깨우지 말라고 하는 것 같다. 현장은 지난겨울에 정지되어 있었다. 장판에는 다 타고 남은 연탄만이 모든 사실을 알고 있다는 듯 잘난 척을 하고 있다……. 일산화탄소에 의한 자살이다.

사람의 체액을 먹어 무거워진 담요를 옆으로 밀어낸다. 사람은 없다. 그냥 덩어리만 보인다. 왈칵 눈물이 쏟아진다. 방 안에는 젊은 청춘의 몸에서 녹아내린

"인사성도 밝고 퇴근할 때
 한 번씩 슈퍼 앞에 있는 짐을
가게 안에 넣어줘요.
요즘 보기 어려운 예의 바른
청년이었는데."

아픔이 가득하다.

고독사 현장에 항상 있는 술병이 안 보인다. 얼마나 힘들었을까. 얼마나 외로웠을까. 마지막까지 술에 의존하지 않고 이겨보려고 얼마나 많은 노력을 했을까. 모든 걸 포기하고 연탄에 불을 지필 때 어떤 마음이었을까. 여러 가지 생각이 들고 화가 난다. 중년의 내가 죽음과 더 가까울 텐데 어째서 젊은 너는 그곳에 누워 있고, 중년의 나는 그런 너를 보고 아파해야 하는지…….

집주인은 묻지도 않았는데 말한다.

"젊은 총각이 2년 전부터 살았는데 최근 월세도 안 주고 전화도 안 받고 그래서 올라와 보니 저렇게…"

사망자는 이제 29세의 청년이다. 슈퍼 주인은 청년을 이렇게 기억한다.

"인사성도 밝고 퇴근할 때 한 번씩 슈퍼 앞에 있는 짐을 가게 안에 넣어줘요. 요즘 보기 어려운 예의 바른 청년이었는데."

형사계 사무실에서 유가족을 만났다. 유가족에게 시신인도서와 신분증, 망자의 꿈이 담겨 있는 양복을 건네준다. 청년의 어머니인가 보다. 엄마가 운다. 차라리 큰소리로 울었으면 좋겠다. 흐느끼는 소리가 비수가 되어 심장에 박힌다.

"참 착한 아들이었습니다. 집안 살림 때문에 어릴 때부터 분가해서 혼자 살았죠. 그래도 한 번도 힘들다고 투정하지 않았는데 연락이 없어 바쁜가 보다라고 생각하고 있었는데……."

청년고독사가 늘고 있다. 고독사에는 나이가 없다. 그런데 65세 이상의 혼자 사는 사람보다는 이러한 청년고독사가 더 심장을 울린다. 왜 65세가 넘는 사람에게만 고독사가 일어난다고 생각하는 걸까? 무엇이 청년을 죽음으로 내몰았을까.

청년은 살려고 노력했다. 술도 마시지 않고 끝까지 살아보려고 노력했다. 형편이 어려워 도와주지 못하는 부모님에게 걱정을 끼치지 싫어서 무던히 노력했는데……. 마지막 연탄에 불을 지필 때는 얼마나 무섭고, 힘들었을까.

그날 그곳에…… 그의 옆에…… 누구라도 전화 한

통만 했어도……. 청년에게 조그마한 관심이라도 주
었다면, 따뜻한 격려 한마디만 해주었다면……. 아들
을 먼저 보내는 부모의 마음, 연탄에 불을 지피는 청
년의 떨리는 손길……. 그렇게 청년은 옥탑방에서 사
라졌다.

무연고자의 유서

  우리 사회는 고독사, 무연사를 방지하기 위한 대책을 세우고 있다. 막대한 예산을 투자하고 인력을 최대한 동원한다면 고독사, 무연사를 미연에 방지할 수 있을 것이다. 그러나 급속한 고령화 진행과 동시에 국가 재정 위기를 맞이한 지금 무연화를 방지하기는 결코 쉽지 않을 것이다.

  자살을 막기도 어렵다. 언제 어떻게 어떤 마음으로 무엇을 할지 모르기 때문이다. 하지만 만약에 그런 순간에 누군가가 손을 내밀어 준다면……. 여기 이 청년은 무연화 속에서 자신의 마지막 가족으로 '사회'를 선택하였지만, 사회는 그의 손을 냉정하게 거부했다.

"자살합니다. 20년 혼자 살아온
무연고자입니다. 바로 화장
부탁합니다. 은행에 돈이 있으니
구청에서 화장 처리비용으로
사용해주세요. 경찰관님! 오지도 않을
사람들에게 연락하는 것은 절대!
하지 마세요. 조용히 떠날 수 있게
해주세요."

자살합니다.
20년 혼자 살아온 무연고자 입니다.
바로 화장부탁 합니다.
은행에 돈이 있으니 구청에서
화장 처리비용으로 사용해 주세요
경찰관님! 저는 혼자 살아 혼자 가는 것이니...
제발! 오지도 않을 사람들에게 연락 하는 것은
절대! 하지 마세요.
조용히 떠나 갈수 있게 해주세요

한여름 고시텔에서 서른여덟 살 독신자가 자살을 결심하고 남긴 유서다. 그는 자신을 무연고자라고 하였다. 그런데 가족이 있었다. 무연고자가 아니었다. 그러나 가족들은 고인이 남긴 돈과 보증금만 가지고 갈 뿐 끝내 시신인수를 포기하였다. 시신인수와 재산 상속은 별개이다. 그렇기에 망자에게 재산이 있어도 그것으로 국가와 사회가 장례를 치를 순 없다. 고인은 마지막에 '구청'이라는 새로운 가족을 선택했지만 구청은 그 부탁을 들어줄 수 없었고, 고인은 죽어서도 그가 그토록 미워하던 가족들에게 이용당했다. 고인은 결국 아무도 기억하지 않는 무연고자가 되어버렸다.

사회가 변하면 무연화가 촉진되고 그 결과 독신자는 늘어나 고독사, 무연사도 증가할 것이다. 생전에 미리 고인과 사후문제를 계약해 마지막 가족이 사회 또는 구청(단체)이 될 수 있었다면……. 그래서 고인의 유언대로 고인이 원하는 장례를 치렀다면 망자는 편히 눈을 감았을까. 최소한 아무도 기억하지 않는 비참한 죽음은 피했을 것이다. 가족도, 망자 자신도 서로에게 가족이라는 단어는 사치일 뿐이었다.

이런 경우, 형식적인 가족보다는 21세기 계약에 의한 가족이 있었다면, 그리고 그 가족들이 모여 취미와 운동, 생각을 같이하고 같이 움직이는 그런 모임을 했다면, 망자는 유서를 쓰는 손으로 이력서를 작성하고 있었을 것이다.

은둔형 외톨이

"아빠! 일요일 뭐 하세요? 좀 도와주세요."

이렇게 코가 꿰여 모처럼의 휴일을 반납하고 금정구로 넘어간다. 단독주택 앞에 서 있다. 잠시 집 안에 들어갔다가 일할 엄두가 나지 않아 작전상 후퇴를 하였다. 50여 평의 주택, 큼직한 방 3개 모두가 쓰레기로 쌓여 있다. 같은 쓰레기더미지만 저장강박증 환자가 물건을 쌓아 둔 것과는 사뭇 다르다. 바닥부터 천장까지 엄청 견고하게 쌓여 있다. 발로 차도 무너지지 않는다. 철옹성 같은 느낌이 공포를 자아낸다.

의뢰자는 망자의 부모님이다. 그런데 1층에 사는 아들의 죽음을 석 달 만에 발견한 것이다.

아들은 건강했고 이름만 들어도 다 아는 특수부대

아들은 건강했고 이름만
들어도 다 아는 특수부대에
입대했다. 하지만 사고를 당해
의가사 제대를 하였고 그
후부터 집 안에서 나오지는
않았다.

에 입대했다. 하지만 사고를 당해 의가사 제대를 하였고 그 후부터 집 안에서 나오지는 않았다. 가족을 비롯해 사회로부터의 모든 연을 끊었다고 한다.

마지막으로 아들을 본 것은 1년 전이었다. 같은 집 2층에 거주하며 마음에 상처를 입은 아들이 다시 세상 밖으로 나오기만을 눈물로 기다렸다고 한다. 그런 아들이 두 발로 걸어서 세상에 나온 것이 아니라 다른 사람 손에 의해 나왔으니 그 마음은 오죽할까. 내 자식이 조금만 다쳐도 부모의 마음은 아픈데 자식의 죽음을 보는 그 마음은 어떠할까. 낯선 아픔이 공감되는 것은 나도 부모이기 때문일 거다.

먼저 망자가 머문 큰방을 청소한다. 휴지, 배달음식이 담겨 있던 플라스틱 통, 계란 박스, 계란 껍질이 쓰레기들의 종류이다. 망자는 1년을 밖에 나가지 않고 집 안에서 생활했다. 은둔형 외톨이인 것이다.

망자가 마지막까지 있었던 자리 옆에는 앨범이 있었다. 앨범을 열어보니 망자가 군입대 전 친구들과 해변에서 찍은 사진, 사랑하는 사람과 찍은 행복한 추억이 묻어나는 사진들이 눈에 띈다.

망자는 아련한 추억 속에서 헤어 나오지 못했나 보다. 자신의 불행으로 세상을 탓하고 원망도 했을 것이다. 왜 자신에게 이런 불행이 왔는지 운명도 탓했을 것이다. 나라를 위해 군 입대를 하였는데 돌아온 것은 되돌릴 수 없는 장애와 따가운 시선뿐. 세상이 싫고 쳐다보는 사람들의 시선도 무서웠을 것이다. 망자의 책임도 망자의 탓도 아니다.

은둔형 생활자를 사회에 나오게 하는 방법은 없을까. 전문가는 이렇게 말을 하였다. "부모의 사랑으로 대화를 하고 기다려야 한다"고. 관련 부서는 은둔형 생활자의 닫힌 마음을 열게 하는 방법으로 자살예방센터 상담을 받아보라고 한다. 배가 고프면 식사를 하면 된다. 누가 그것을 모르나. 먹을 식량이 없기에 배가 고파 죽는 것이다. 자살예방센터 상담 받으면 된다. 그러나 그곳까지 가지를 못하는 지경이 되었기에 죽음이라는 결과를 선택하는 것이다.

그러니 찾아가자. 찾아가서 전문가의 말처럼 사랑과 대화로 은둔형 생활자의 마음을 열도록 노력하자. 한 번, 두 번, 열릴 때까지……. 일이 많아서, 잔무가 밀

려서, 인원이 부족해서. 모두 변명이다. 시간은 24시
간이다. 당신이 머뭇거리는 시간에 꽃다운 내 아들딸
들이 별이 되어 가고 있다.

이력서

아침 출근 시간이다. 신축 오피스텔 앞에 도착했다. 입주 준비를 하는 사람들도 있고, 엘리베이터에서 출근하는 사람들이 쏟아져 나와 출입구가 북적인다. 여느 일상과 똑같다. 다른 점이 있다면 401호는 시간이 멈춰져 있다는 것이다.

401호의 문은 조금 열려 있고 그 앞에는 관리소 직원이 새파랗게 질린 얼굴로 서 있다.

"냄새가 난다는 신고로 강제개방하고 들어가니……."

관리소 직원의 중얼거림을 뒤로하고 임장한다. 출입부터 난간에 봉착했다. 발 둘 곳이 없다. 화장지 묶음, 먹다 남은 피자박스, 개봉하지 않는 택배상자, 상한 음식물, 배달음식 통들이 산을 이루고 있다. 쓰레기 산을 지나 우측에 조금 열려 있는 욕실로 향한다. 사건 현장임을 생각하고 들어갔음에도 너무 끔찍한 장면이다. "헉" 바람 빠지는 소리와 함께 공포심에 뒤로 한 발 물러난다.

집주인이 욕실에 목을 맨 채 서 있다. 시반이 밑으로 향해서 새파랗다 못해 시커멓다. 부패가 진행된 상태라 구더기와 파리도 왕성한 활동을 하고 있다. 그녀의 젊은 육체는 부패 체액으로 이름이 바뀐 채 흘려내려 하수구를 넘쳐 욕실에 가득하다. 이 냄새로 집주인은 주변에 도움을 요청한 것이다.

검안의는 도착하자마자 빠르게 목에 묶여 있는 줄을 풀고 쓰레기 더미를 발로 툭툭 차서 작은 공간을 만든 후 그녀를 편히 눕힌다. 우리는 집주인의 흔적을 찾기 위해 옷장과 소지품을 확인해본다. 흔적이 없다. 아마 쓰레기 더미 속에 파묻혀 있기에 쉽게 찾지 못하는 것일 거다.

벽과 장식장에는 그 흔한 사진도 보이지 않는다. 컴퓨터 바탕화면에 '이력서'가 보인다. 24세 꽃 같은

청년 자살률은 증가하고 있다.
20대 청춘의 사망원인 1위가
자살이다. 더불어 청년고독사도
증가하고 있다. 사망 원인 중
가장 큰 이유는 경제적 빈곤이다.

청춘이다. 그녀는 대학을 졸업하고 취업 후 독립해서 살았다. 그런데 어떠한 사유로 퇴직을 했고 재취업을 위해 이력서를 준비하고 있었나 보다.

형사의 직감으로 그녀는 마지막까지 삶의 끈은 잡고 있었다는 느낌이 든다.

유서는 없다. 그녀는 계획적으로 자살을 선택한 것이 아니다. 아침에 뜨는 태양이 너무 무서워 순간적 선택을 한 것이다. 아침에 뜨는 태양! 누구에게는 하루를 시작하는 태양이 될 것이고, 어느 누구에게는 어제와 같은 절망의 시작이 되기도 한다. 아마도 이력서의 주인은 후자였나 보다.

사인은 전형적인 목맴사이다. 24살의 피지도 못한 꽃을 '전형적인 목맴사'로 치장하고 그녀가 이러한 선택을 한 이유도 알지 못한 채 우리는 서둘러 자리를 떠난다.

청년 자살률은 증가하고 있다. 20대 청춘의 사망 원인 1위가 자살이다. 더불어 청년고독사도 증가하고 있다. 죽음을 선택하는 가장 큰 이유는 경제적 빈곤이다. 청년들의 경제적 빈곤은 무엇 때문일까? 저출산으로 생산인구는 감소하고 고령화로 부양인구만 증가하고 있다. 자원은 한정되고 성장은 없는데 이걸 기성대세가 독점하고, 인공지능에 일자리는 뺏기고…….

베이비붐 세대를 낀 세대라고 부르기도 한다. 그러나 진정 낀 세대는 2030세대라고 생각한다. 취업, 연애, 결혼, 출산, 집 다 포기한 젊은이들은 더 포기할 게 없어지면 남은 생을 포기한다. 원인은 안나. 그런데 해결 방안은 쉽지 않다.

선거가 다가온다. 하지만 선거는 그들만의 리그일 뿐이다.

그분들은 "청년일자리 제공, 청년실업 해결"
공약(公約)을 하신다.
공약(公約)을 하셨다.
공약(公約)을 했었다.
공약(公約)만 했다.
공약(空約)이 되었다.
56년간 많은 투표를 했었다. 갈수록 투표할 자신이 없어진다.

고시텔 막둥이

  막둥이. 막내를 귀엽게 이르는 말로 집안의 사랑을 독차지하는 존재이다. 그런데 여기 고시텔 막둥이는 그렇지 않았나 보다. 귀여움보다는 가장의 책임을 잔뜩 안고 살아가는 우리들의 아버지와 같았다.

  점심식사를 마치자 눈꺼풀과 의지력이 서로 잘났다고 싸운다. 거의 눈꺼풀이 이기기 직전이다. 그러나 갑작스레 들어온 '변사 신고'에 의지력이 극적으로 역전승을 거둔다. 서둘러 현장으로 달려간다.

  신고자는 고시텔 사장님이다. 변사를 많이 보았는지 긴장한 기색을 찾아볼 수 없다. 건물 한 동이 전부 고시텔이다. 남자가 2층, 여자가 3층, 각 층마다 15여 개의 호실이 있고 화장실, 식당, 샤워장을 공동으로 사용하고 있다.

"막둥이가 며칠째 보이지 않았습니다. 그런데 그 방 앞을 지나가면 왠지 냄새가 나는 것 같아서 보조키로 문을 열어보니 죽어 있었습니다······."

신고자는 아무렇지 않은 듯 냉랭하게 말을 한다.

문을 열고 임장한다. 임장할 것도 없다. 두 평 정도의 공간에 작은 침대, 책상 하나 그게 다다. 침대 위에 빨랫줄을 엮어서 옷장 대신 옷들을 걸어 두고 있다. 크지 않는 내가 서 있어도 공간을 다 차지할 정도로 좁다. 침대 위에 망자가 누워 있다. 망자의 발이 침대를 벗어난 모습이 애처롭다. 발도 다 뻗지 못하고, 편안한 잠 한 번 못 자고 살았구나······.

약간의 부패 진행 냄새가 나고 약간의 구더기가 살아 있다. 검안의가 도착하기 전까지 고시텔의 CCTV를 확인한다. 3일 전 늦은 밤 막둥이라고 불리는 망자는 피곤에 지친 듯 힘겹게 방에 들어간다. 그리고 이후 그 방에 들어간 사람은 아무도 없었다.

검안의가 와서 검안을 시작한다. 검안할 장소도 비좁다. 혼자 서 있어도 비좁은 곳에 3명이 들어가서 움

지흥이는 고시텔에서 제일 어립니다.
그래서 모두 막둥이라고 부르죠.
이놈은 하루도 쉬지 않고 일했습니다.
새벽에 막일, 밤에는 편의점 알바,
닥치는 대로 일했어요. 여기 온 지
벌써 1년이 다 되어가는데 하루도
쉬는 날을 못 봤으니까요. 이제야 푹
쉬겠네…….

직이려고 하니 5월의 더위가 한여름이나 다름이 없다. 사인은 '급성심근경색'. 그냥 심장마비, 자연사다.

"그럴 줄 알았다."

옆에서 고시텔 사장이 끼어든다.

"왜요?"

"지홍이는 고시텔에서 제일 어립니다. 그래서 모두 막둥이라고 부르죠. 이놈은 하루도 쉬지 않고 일했습니다. 새벽에 막일, 밤에는 편의점 알바, 닥치는 대로 일했어요. 여기 온 지 벌써 1년이 다 되어가는데 하루도 쉬는 날을 못 봤으니까요. 이제야 푹 쉬겠네…….
근데 저거 엄마는 우짜노……."

"망자 가족이 있나요?"

"있지요. 있어서 막둥이가 이렇게 되었답니다."

망자의 죽음에 스토리가 있나 보다. 사장과 담배를 한 대씩 피우며 이야기를 들어본다.

"막둥이가 1년 전쯤 여기 왔는데…… 나이도 어린놈이 아주 당찼지요. 보통 33살 정도면 놀기도 바쁠 텐데 막둥이는 거의 애늙은이처럼 굴었어요. 하루도 안 쉬고 일을 해서 제가 한번 물어보았답니다. '막둥아.

그러다가 죽는다, 쉬어가면서 일해라' 하니 막둥이가 '엄마가 사고 후유증으로 치매가 있어 병원에 입원해 있다. 세상에 엄마와 자기뿐이다. 집을 팔고 엄마를 병원에 모셨고, 그래서 이곳에 들어와서 사는데 돈을 벌어야 엄마 병원비를 낼 수 있다' 하더군요."

뚝.

내 머릿속에서 생각이 끊어진다. 어떤 말도 할 수가 없다.

나는 생긴 것과 다르게 눈물이 많다. 어릴 적 엄마랑 같이 <엄마 없는 하늘 아래>라는 영화를 본 적이 있다. 당시 우리 엄마도 투병 중이라 그 영화가 나에게 닥쳐오는 현실처럼 느껴져 엄마랑 같이 펑펑 운 기억이 난다. 그리고 <플란다스의 개> 만화 영화의 엔딩도 생각이 난다. 주인공 레오가 그림을 보면서 천당으로 가는 것을 보고 울었던 기억이 난다.

난 스스로 '조선의 마지막 양아치 형사'라고 생각하고 범죄자를 독하게 대하는 형사다. 그런데 왜 갑자기 막둥이의 죽음을 보고 무너지는 걸까……. 막둥이의 엄마는 치매라 아들의 죽음을 알지 못한다. 아니 알 수가 없다. 그래도 잠시 기억이 돌아올 때는 알 것이다. 자신의 아들이 레오와 같이 천당으로 갔다는 것을……. 아마 그녀는 자신의 기억이 돌아온 것을 후회할 것이다.

뭐라도 해야 한다. 뭐라도 하지 않으면 나이만 처먹은 놈이라고 하늘에서 벼락을 내릴 깃 같다. 친구에게 전화를 한다.

"너 그동안 사업한다고 다른 사람들한테 죄 많이 지었제. 천당 가게 해줄게, 빨리 와라."

친구와 함께 고시텔 막둥이가 누워 있는 안치실을 찾아간다. 친구에게 막둥이의 사정을 말해준다. 친구가 막둥이의 어머니를 대신해 막둥이의 장례를 치러주었다.

구청 복지과를 찾아간다. 막둥이의 사정 이야기를 하고 어머님이 계속 치료를 받을 수 있도록 읍소한다. 내가 해줄 게 그것밖에 없다.

막둥아. 고맙다 진짜 많이 고맙다. 이 시대의 어린 왕자가 되어줘서…. 아저씨가 제2의 막둥이가 나오지 않게 진짜 열심히 살아서 이런 일이 없도록 약속할게.
미안하다 막둥아.

안아주고 싶다 우리 막둥이.

살다 보니 살아지더라

새벽 3시!

방문을 두드리는 소리에 잠을 깬다. 큰아들이다.

"아빠! 청소 의뢰 전화가 왔는데 뭔가 이상한 것 같
아요. 아빠가 한번 받아주세요."

잠결에 아들이 건네준 전화를 받는다. 여자 목소리
다. 대충 20대 후반 내지 30대 초반.

"집에 사람이 죽었어요. 뒷정리를 부탁합니다."

거의 울 듯이 말을 한다. 보통 청소 의뢰 전화는 새
벽에 오지 않는다. 이건 마치 변사를 목격한 사람이
경찰에 신고하는 그런 느낌이다. 뒷골이 싸늘한 것이
기분이 쎄하다.

"예. 아침에 일찍 청소해 드릴게요. 장소가 어디인

얼마나 무섭고 두려웠으면
청소업자에게 전화해서 아침 일찍
청소를 의뢰했을까. 말은 청소
의뢰이지만 자신의 시체를 발견해서
정리를 해달라는 거였다.

가요?”

울먹이는 의뢰자를 달래고 달래 주소를 받아 적는다. 그러고도 전화를 끊지 못하게 계속 말을 건넨다. 그러면서 옆에 있는 아들에게 재빨리 신호를 보낸다.

“아들, 차 빼라. 이 사람 자살을 암시하는 것 같다. 자기가 죽을 거니깐 낼 아침에 자기를 찾아달라는 그런 말이다.”

새벽 3시 반! 부산 연산동 대형 아파트 건너편 골목길에 도착했다. 의뢰자와 통화를 마친 뒤 10분이 지났다. 목맴사만 아니면 희망은 있다. 한겨울 새벽 시간대에 불이 켜진 집은 없다. 그런데 어느 한 집 2층 창문 틈새로 희미한 빛이 새어 나온다.

“저 집이다.”

가볍게 담을 넘어 외부 계단을 통해 2층으로 올라간다. 창문에 귀를 기울이고 그녀에게 전화를 한다. 방 안에서 휴대폰 울림 소리가 들린다.

“이 집이다.”

대문을 두드렸지만 인기척이 없다. 작은방 창문틀을 들어 올려 떼어내고 방 안으로 무작정 들어간다.

큰방에 사람이 누워 있다. 다행히 숨이 붙어 있다. 술병이 어질러져 있고, 약통에 약들이 쏟아져 있다. 살릴 수 있다. 119를 통해 병원으로 후송을 하고 졸지에 보호자가 되었다. 응급실 밖에서 덜덜 떨면서 기다린다. 자살현장을 목격한 충격에 떠는 것이 아니라 너무 급하게 나온 터라 외투를 챙기지 않아서이다. 일단 깨어나면 한 대 쥐어박기로 독하게 마음먹는다.

"고맙습니다, 고맙습니다."

29살이다. 아직 앳된 얼굴이다. 훌쩍이며 말하는 그녀를 쥐어박을 마음은 사라진다. 자살 동기에 대해선 묻지 않는다. 오죽하면 그런 마음을 먹었을까.

그녀는 죽기로 마음먹었다. 그런데 죽기에는 너무 서글프다. 무섭기도 하다. 하소연할 곳이 없다. 얼마나 무섭고 두려웠으면 청소업자에게 전화해서 아침 일찍 청소를 의뢰했을까. 말은 청소 의뢰이지만 자신의 시체를 발견해서 정리를 해달라는 거였다.

우는 그녀의 머리를 쓰다듬어준다.

"아저씨도 그런 마음 먹은 적이 있단다. 그런데 살다 보니 살아지더라…… . 영원히 어두운 밤만 있는 것은 아니더라. 아침은 꼭 오니깐……."

병원비를 계산하고 집으로 돌아간다.

아들이 한마디 한다.

"아빠, 오늘은 좀 멋있네요."

"아들아, 30년 짬밥은 하루아침에 먹은 게 아니다."

꺼져가는 젊은 생명을 살렸다는 기쁨보다는 내가 알지 못하는 사이에 이렇게 꺼져가는 생명이 더 많을 것이라는 안타까운 사실에 처연해진다.

3장

남은 자들의 선택

17년 전부터 고독사를 접하고 있다. 그때는 고독사라는 단어가 없었다. 그냥 부패된 시체일 뿐이었다. 그런데 어느 순간부터 부패된 시체가 많아졌다. 그런 시체가 일본에서는 한 해에 수천 구가 발생한다는 것을 알았다. 그리고 그것이 고독사라는 것을 알았다.

고독사는 죽음 뒤에 더 많은 문제를 남긴다. 가족이나 지인, 이웃들에게 지울 수 없는 정신적 충격을 남긴다. 사랑하는 사람들에게 상처를 남긴 채 떠나고 싶은 사람은 없을 것이다. 정서적 문제와 더불어 고독사로 인한 사회적 비용과 불안감 조성 문제도 심각하다.

나는 2012년부터 주민센터와 구청, 시청을 다니면

서 고독사라는 재앙을 알리고 다녔다. 담당자들은 고독사라는 것을 몰랐다. 일일이 설명을 했다. 그리고 대책을 만들어야 한다고 초등학교 조회 시간에 웅변을 하듯이 외쳐도 봤다. 벌써 10년째 자칭 고독사 홍보 대사가 되어 길거리에서 종교 활동을 하고 다니는 사람처럼 활동을 하고 있다.

고독사를 이해하지 못하는 공무원에겐 제일 먼저 고독사 현장으로 나가자고 요청한다. 조선시대 왕들도 암행을 나가서 백성들이 삶을 직접 보았다. 현장을 보지도 않고 책상머리에서 나오는 고독사 대책은 돈 먹는 하마보다 못하다고 현장의 중요성을 강조하고 다녔다.

구청장이 바뀌고 담당자가 바뀔 때마다 취임인사 조로 "고독사 현장을 함께 가서 보자. 현장을 보면 생각이 달라진다"고 요청하였지만 지금까지 아무도 고독사 현장 근처에도 오지 않았다.

오래전부터 고독사 현장을 직접 보고 느낀 점, 그들이 남긴 다잉 메시지와 외부지식, 고독사 예비군인 현재의 홀로 거주자들이 알려주는 방법들을 종합해서 나만의 고독사 예방책을 만들어보았다. 아무것도 하지 않고 안타까운 마음만 가지고 살기에는 그동안 본 것이 너무 끔찍하고 너무 애잔했기 때문이다.

나만의 고독사 예방책을 가지고 많은 지식인에게 숙제 검사를 받듯이 하나하나 검사를 받았다. 그리고 구청 출입문이 닳도록 들락날락했다.

"좋은데, 시(市)의 권고안을 따르고 있다"라고 한다. 말은 좋게 하는데 "꺼지라"라고 들리는 것은 기분 탓일까.

관공서에서는 외면을 당하였지만 사람들에게는 고독사가 무엇인지, 얼마나 비참한지, 망자는 얼마나 고독했는지, 남은 자의 후회는 어떤지, 알리고 싶다. 그래서 이렇게 말하고 싶다. 다음 차례는 당신일 수 있다고. 그러니 지금이라도 준비를 하자고.

현실을 바로 보자

우리는 이미 해마다 수천 명의 사람들을 고독사로 보내고 있지만 정확한 숫자도 파악 못 하고 있다가 2022년에 들어서서야 처음으로 통계를 내기 시작했다. 그러나 각종 언론매체에서 파악한 숫자와 보건복지부에서 파악한 숫자가 맞지 않는다. 왜냐하면 규정이 애매하기 때문이다.

2021년 4월 1일 자로 고독사 예방 및 관리에 관한 법률이 시행되었고 "일정한 시간이 지난 후에 발견되는 죽음"을 고독사로 정의하였다. 그런데 여기서 "일정한 시간"이 참 애매하다. 일본을 예로 들어보면 고독사로 보는 일정한 시간을 도쿄는 24시간, 그 외는 48~72시간으로 규정한다. 그런데 우리나라의 일정

"망자가 고독하게 죽지 않았기에
우리 구는 고독사가 없다"고 한다.
"망자가 고독하게 죽었는지 아닌지
현장을 보셨나요?" 반문하니
"현장을 보지 않아도 알 수
있다"고 한다.

한 시간은 각 구 또는 복지 담당자의 개인적인 의견으로 결정된다.

실례로 나는 A시 ○○구에서 개최한 "고독사 예방 포럼"에 참석한 적이 있는데, 그곳에서 한 시의원이 말하기를 A시에는 고독사 발생이 10건이 되지 않는다고 하였다. 내가 파악한 A시 □□구의 고독사 발생 건수만 해도 20건이 넘는데, 어떻게 A시의 고독사는 10건이 되지 않는 것일까. 궁금증을 해소하기 위해 시의원을 만났다. "자신도 구의회로부터 자료를 받은 것뿐이다"라고 한다.

그래서 A시 구의원들을 만났다. "담당자가 제출한 자료를 보고 알았다"고 한다. 각 구의 담당자도 만났다. 보통 구청 담당자는 이렇게 답을 한다.

"주민센터로부터 자료를 받은 것이다."

재미있는 답변을 하는 담당자도 있었다. 고독사가 0건인 △△구의 담당자는 이렇게 답을 하였다.

"법에 명시된 고독사의 정의에서 '일정한 시간'을 우리 구는 조금 길게 잡았다. 그래서 고독사가 없다."

"사망 후 며칠이 지나야 고독사가 됩니까?" 반문

하니 그것은 자신들이 판단한다고 한다. 또 다른 구의 담당자는 "망자가 고독하게 죽지 않았기에 우리 구는 고독사가 없다"고 한다. "망자가 고독하게 죽었는지 아닌지 현장을 보셨나요?" 반문하니 "현장을 보지 않아도 알 수 있다"고 한다. 아마도 망자가 사망하기 전에 담당자에게 전화해서 "나는 고독하게 죽는 것이 아니다"라고 했나 보다. 명쾌한 대답이 참 마음에 든다.

현실이 이런데 과연 보건복지부에서 작성한 고독사 통계가 정확할까?

이렇듯 우리는 아직까지 고독사의 정의도, 통계도 명확하지 않다. 그런데 고독사가 발생하지 않았다고 자축을 하고 있는 것이 웃프다. 나는 각 언론매체 및 보건복지부에서 말하는 고독사 발생통계를 신뢰하지 않기에 그들이 주장하는 고독사 대책을 말하지 않을 것이다. 대신 현실을 말하고 그에 따른 예방책을 서술하고자 한다.

내가 사는 □□구는 고독사예방특화사업비라는

명목으로 35억 원 상당을 시로부터 받아서 사용하고 있다. 아마 □□구만 받는 것이 아니라 A시 산하 모든 구에서 고독사예방특화사업비를 받고 있는 것 같다. 그 사용처를 확인하니 25억 원 상당을 복지사업과에서, 5억 원 상당을 보건소에서 사용하고 있었다. 복지사업과에서는 차상위계층 및 생활보호대상자, 고독사위험군을 대상으로 AI 등과 같은 기계를 설치하여 움직임을 감시하고 있었다.

25억 원의 예산을 65세 이상의 홀로가구 5%에만 사용한다는 게 말이 안 된다. 남은 95%의 65세 이상 홀로가구는 고독사 예방혜택을 전혀 보지 못하고 있는 거다. 그분들은 복지 사각지대에 있다. 복지 사각지대에 있는 65세 이상 홀로거주자는 고독사 예비군이 아니다. 고독사 현역이다. 통계가 그렇고 나의 경험이 그렇다.

복지과의 고독사 예방 대상자들은 재산이 비교적 없는 차상위계층, 생활보호대상자 및 고독사위험군에 속한 사람이다. 고독사 위험군은 각 지자체가 마련한 기준에 따라 결정된다. 그분들은 거금의 예산으로 관리를 받고 있다. 그래서 그분들은 고독사가 없다. 관리받는 5%의 사람들이 고독사를 당하지 않으니까 복지지대 안에서는 관리가 잘 이루어지고 있다. 그러나 나머지 95%는 대한민국 국민이 아닌가, 시민이 아닌가, 구민이 아닌가?

자식들한테 경제적 지원도 못 받는데 구청에서는 자식들의 소득을 이유로 보조금도 주지 않는다. 세금은 잘 받아 간다. 95%는 세금을 내면서도 혜택을 못 보고 있다. 고독사의 절반을 차지하는 5060 중장년층을 상대로 한 복지 사업은 36개이다. 아동·청소년 64개, 청년 58개, 노령층 50개에 비해 턱없이 적다.

고독사로 사망한 사람들의 대부분은 복지 사각지대에 있는 사람들이다. 항상 사건이 터지면 복지과에서는 이렇게 말을 한다.

"인원과 예산 부족으로 복지 사각지대에 있는 분들을 파악하지 못하고 있습니다. 앞으로 그런 분들을 더 파악하는 데 힘을 쓰겠습니다."

그 말을 직역하면 이런 말과 같다.

"돈 많은 사람들은 각자의 돈으로 살아남아라. 우리는 신경 안 쓴다."

앞서 말했듯 고독사는 재산의 많고 적음에 따라 크게 달라지지 않는다. 돈이 있어도 누군가의 돌봄을 받지 못하고 홀로 살아간다면 언제든 고독사를 맞이할 수 있다. 실제 내가 경험한 사람들 중 많은 경우가 그랬다.

구예산은 구의 실정에 맞게 구민들에게 사용하는 것이 아닌가? 지금 예산이면 최소 200여 명의 노인 일자리와 20여 명의 청년 일자리가 보장되고 이를 통해 복지 사각지대에 있는 홀로가구를 보호할 수 있다. 65세 노인인구 5%의 집에 AI를 설치하는 돈으로 충분하다.

일본을 넘어선 대책이 필요하다

　우리보다 20년 빠르게 노인문제를 고민하고 있는
일본은 아직도 고독사를 예방하지 못하고 있다. 어느
전문가는 "일본을 우리의 미래라 생각해야 한다"라는
경고는 하지만 대책은 없는 애매한 말로 끝을 맺고
있다. 전문가 아닌 나도 "일본도 포기한 상태니깐 순
순히 고독사를 맞이하자"라고 말은 할 수 있다.

　일본이 해결하지 못하는 일은 우리도 하지 못한다
는 패배의식을 버리자. 일본과 우리는 다르다. 과거
일본은 규칙을 지키기 위해 똘똘 뭉치는 집단주의 문
화였다. 가족에서 시작해 친구, 지인, 회사 동료와 같
이 뭉치지 않으면 직성이 풀리지 않았다. 그런데 지금
은 변화하고 있다. 경제침몰로 인해 경제 성장이 멈

추자 정부는 복지를 먼저 축소하였고, 초고령화 사회가 되면서 독거노인이 늘어나고 1인가구가 급속도로 증가하면서 본인이 아닌 이상 그 누구도 챙겨주지 않는 분위기가 생겼다. 개인주의 성향이 갈수록 뚜렷해지고 있다. 현대 일본인은 다른 사람들이 자신의 영역으로 넘어오지 못하게 선을 긋는다. 그 선을 넘어오면 무뢰한이라며 손가락질을 한다. 그들은 남에게 자신의 치부를 보여주는 걸 싫어하고, 동정받는 것을 싫어한다.

히키코모리(은둔형 외톨이)는 일본 사회를 간단명료하게 알려주는 단어이다. 일본은 많은 고독사 예방책을 시행하고 있다. 형식적인 부분도 많이 보인다. 일본에서 시행되는 고독사 예방의 주 종목은 로봇돌보미 등을 이용해서 고독사를 예방하는 것이다. 집 안에 AI 등을 설치하여 움직임을 살피고 움직임이 없으면 확인하는 그런 정책을 펼치고 있다. 로봇을 실생활에 이용한 새로운 방식이다. 거기에 상당한 예산이 사용되어 일본의 경제력을 과시하는 듯 보이기도 한다. 망자를 빨리 발견해서 가족들에게 인계하는 것은

돈 자랑, 기술 자랑 하듯이 로봇
도우미를 이용하지 말고 복지
사각지대에 있는 어르신들, 일하고
싶어도 취업이 안 돼 일을 못 하는
젊은이들을 고용하면 고독사를
예방할 수 있다.

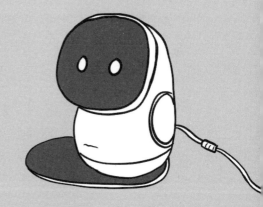

좋은 일이지만, 내 눈에는 막대한 자금을 사용하고 효과는 미비한 아베 마스크를 보는 것 같다.

고독사 예방책이 아닌 고독사 회피책으로는 효과가 충분히 차고 넘치는 것 같다. 그런데 한심한 것은 그런 일본의 정책을 마치 선진국의 문화를 가져온 듯 착각을 하고 우리나라에도 그대로 시행하여 복지 예산을 쏟아 붓고 있는 것이다. 지금 내가 살고 있는 A시도 복지 사각지대에 있는 홀로가구보다는 차상위계층, 생활보호대상자 등의 집에 막대한 예산을 투입해 AI 등을 설치하였다는 기사를 본 적이 있다. 그리고 그런 정책을 시 산하의 구에 권고안으로 내려보내 복지 예산 사용을 강제하고 있다고 공무원들은 말한다.

고령화로 세금을 낼 수 있는 사람이 줄어들고 있다. 청년들의 일자리가 부족하다. 세금을 내고 싶어도 취업을 해야 세금을 낼 수 있다. 이런 상황에서 정부 예산의 절반이 넘는 복지비용은 최대한 아끼고 지역에 맞는 예산 집행을 해야 한다. 돈 자랑, 기술 자랑하듯이 로봇 도우미를 이용하지 말고 복지 사각지대에 있는 어르신들, 일하고 싶어도 취업이 안 돼 일을 못 하는 젊은이들을 고용하면 고독사를 예방할 수 있다. 그리고 남은 예산을 다른 곳으로 돌려쓰면 예산을 아낄 수 있다.

우리 민족의 특성만 잘 알면 충분히 가능할 거라고 생각한다. 우리 민족은 어떤 민족일까? 나는 우리 민족을 두고 오지랖의 민족이라 말하고 싶다. 누군가가 선을 그으면 우리는 그 선을 훌쩍 뛰어넘어 들어간다. 선을 세게 넘는 민족이다.

우리 조상은 옆집에 숟가락이 몇 개 있는 것까지 알고 살았다. 음식을 준비해서 마을 사람들과 함께 먹고 마시고 노는 동네잔치라는 말도 있다. 상부상조, 품앗이……. 우리 민족은 좋을 때, 힘들 때 다 같이 모여서 역경을 헤쳐 나가는 민족이다. 나는 이런 우리 민족의 특성을 고독사 예방에 접목시켜 보고자 한다.

고독사를 예방하는 생활공동체

고독사의 현장에는 똑같은 패턴이 있다.

3多 3無
3多-술병, 외로움, 빈곤
3無-가족(보호자, 친구), 돈, 희망

3多 3無 이름만 다를 뿐 같은 것이다. 결론은, 고독사는 외로움과 빈곤으로 인해 발생한다는 것이다. 물론 외로움과 빈곤이 모두 고독사로 이어지는 것은 아니다.

노인문제! 무연사회가 만들어낸 사회현안 중 지금

국가를 믿고 마지막에 주장할 수 있는
권리가 "편안하게 살다가 죽을 권리"이다.
국가는 이 권리를 보장해줘야 한다.
누구에게? 이 나라에 존재하는 모든
65세 이상의 노인들에게. 아니,
모든 시민들에게.

당장 우리가 관심을 가져야 하는 것은 바로 '노인문제'이다.

노인문제에는 어떤 게 있을까. 고독사, 무연사, 1인가구, 노인 부양. 나는 이 네 가지가 대표적인 노인문제라고 생각한다.

(1) 사망 후 상당 시간이 지난 후에 발견되는 외로운 죽음, 고독사
(2) 시신인수조차 거부당하는 비참한 죽음, 무연사
(3) 이웃과 정을 끊고 살아가는 1인가구 급증
(4) 가족들도 포기한 노인 부양

이 네 가지는 다른 것이 아니라고 생각한다. 나는 이 네 가지를 하나로 묶어 "편안하게 살다가 죽을 권리"라고 말하고 싶다. 국가를 믿고 마지막에 주장할 수 있는 권리가 "편안하게 살다가 죽을 권리"이다. 국가는 이 권리를 보장해줘야 한다. 누구에게? 이 나라에 존재하는 모든 65세 이상의 노인들에게. 아니, 모든 시민들에게.

우리는 '65세 이상의 노인들'이라 표현하곤 한다. 나는 그 표현이 참 이율배반적이라 생각한다. 65세 이상의 노인들. 그분들은 태어날 때부터 나이를 먹은 노인이 아니다. 그분들은 그냥 하는 일 없이 나이만 먹고 노인이 된 것이 아니다. 그분들은 "그저 나이를 먹은 늙은 사람"이 아니다. 그들은 '이 나라의 영웅'이 며 '우리들의 은인'이다.

'영웅, 은인' 무슨 개풀 뜯어 먹는 소리냐고 할 수도 있다. 영화 <어벤져스>는 한 번씩 다 봤을 것이다. 지구를 구하기 위해 아이언맨, 원더우먼, 스파이더맨, 헐크 등이 힘을 모아서 외계인의 침략 속에서 지구를 구한다는 내용이다.

우리나라도 그들에 못지않은 영웅들이 있다. 이순신 장군. 우리 국민들의 영웅 1순위이다. 일제강점기에는 안창호, 윤봉길, 유관순과 같은 의인과 영웅이 있었다. 전쟁 후에는 지금의 65세 이상의 노인들이 힘을 모아 우리나라를 구했다. 우리 역사에 길이 남을 근대화 시기 영웅이 바로 '20, 30, 40년생 어르신들' 이라고 나는 생각한다.

우리가 처음부터 지금 같은 높은 건물에 뭐 하나 부족함이 없이 잘살았던 것은 아니다. 우리는 1950년 전쟁을 맞이했다. 전쟁 후 남은 것은 나무 한 그루 없는 민둥산과 폐허가 되어 있는 참혹한 현실뿐이었다. 이때 우리 민족은 다시 뭉쳤다. 정확하게 말하면 2, 3, 40년생들이 늘 그렇게 해온 것처럼 나라를 위해 일어났다.

우리 민족은 지구상에서 가장 빠른 시일 내 국민 소득 45달러에서 2만 달러를 달성했다. '미라클 코리아', '한강의 기적'이라며 세계는 깜짝 놀랐다. 그리고 한국을 새롭게 보기 시작했다. 그런 기적이 알라딘의 마법처럼 하루아침에 일어난 것은 아니다. 전쟁 속에서 살아남은 2, 3, 40년생 어르신들이 또다시 보릿고개를 넘은 덕분이다. 눈물 없이는 넘을 수 없다는 해발 9000미터의 세계 지붕 에베레스트산보다 높은 보릿고개를 눈물로, 악으로, 깡으로 넘었다. 자식들에게 배고픔을 물려주지 않기 위해, 자기는 무식해도 자식들에게는 그 무지함을 물려주지 않기 위해 악착같이 이겨냈다.

    1960년대 경제개발 5개년 계획이 실시된 이후부터 우리나라 경제는 발전이 이루어졌다. 파독 광부와 간호사, 월남참전 등 천연자원이 없는 우리나라는 목숨을 담보로 미국과 독일 등에서 자본과 기술을 받았다. 독일의 뤼브케 대통령은 '한국 광부들이 헌신적으로 일을 잘해 생산량이 엄청 높아졌다. 또 한국 간호사들은 성실하게 일하여 병원의 모범이 되고 있다'고 말하며 감사의 뜻으로 박정희 대통령을 초청했다. 박정희 대통령은 초청에 의해 가는 길이지만 차관을 들여올 목적도 가지고 독일로 향했다. 그러나 서독 직항기가 없어 여러 군데를 경유해서 서독에 도착했다.

    대통령은 함보른 광산으로 바로 갔고, 그곳 강당에는 서독 각지에서 일하는 광부와 간호사들이 모여 있었다. 광부들의 새까만 얼굴을 본 대통령은 목이 메여 연설을 하지 못하였고, 마침내 강당은 통곡의 바다가 되었다. 광부들과 간호사들은 "대한민국 만세"를 외쳤다. 그것을 본 서독의 뤼브케 대통령은 조건 없는 차관을 제공하기로 결정하고 매년 국내로 달러를 송금했다.

이는 경부고속도로 건설과 중화학 공업의 밑바탕이 되었다. 이렇게 목숨을 담보로 달러를 벌어 왔고 우리나라 경제기반을 만들었다. 만약 지금의 나에게 '목숨을 담보'로 전쟁에 참가하라고 하면 나는 못 할 것 같다. 하지만 우리 영웅들은 참전했다. 지금 우리나라는 그분들의 목숨값으로 경제성장을 했고 덕분에 우리가 이렇게 잘살고 있다.

이제 우리가 나이 들어 몸이 불편한 우리의 영웅들에게 '그에 걸맞은 대우를 해주어야 할 때'이다. 오늘날의 노인들은 무엇을 원할까? 한 업체에서 이러한 내용으로 설문조사를 했다.

1. 사망장소: 요양시설 vs 내 집
-아무래도 병원이나 요양시설은 집이 아니기에 불편함을 느낀다. 남편과 살던 집, 부인의 흔적이 남아 있는 집에서 마지막을 정리하고 싶다는 의견이 압도적으로 많다.
2. 돌보미: 로봇돌보미 vs 사람
-처음에는 로봇도우미를 신기하게 느끼겠지만 그래도

사람의 손길이 좋다.

3. 모임방: 노인돌봄센터 vs 노인정

-노인정이 압도적이다.

결과를 요약하면 "내 집에서 사람한테 돌봄을 받으면서 노인정을 들르는 삶"을 바란다.

나는 현직 경찰관으로, 범죄자의 심리는 범죄자가, 피해자의 심리는 피해자가 잘 안다는 것을 알고 있다. 고독사 예방은 그 대상자에게 물어보는 것이 제일 좋은 방법일 것이다.

나는 내 눈으로 보지 않은 것은 믿지 않는 모난 성격이다. 그래서 독거노인들이 많이 거주하는 어느 구의 산복도로를 가보았다. 노인정이라고 하기에는 좀 어설퍼 보이지만 마을 슈퍼 같은 곳에서 옹기종기 모여서 화투를 치고 있는 할머니들을 만나는 것은 어렵지 않았다.

"할머니! 여기가 노인정입니까. 할머니들이 엄청 많이 모이셨네요"라고 물어보니 화투를 치지 않고 쉬고 있는 할머니가 "응 여기가 노인정이여, 노인정이

"우리? 뭐 별거 없지. 그냥 내 집에서
살다가 가는 게 최고지. 이렇게
화투도 치고, 여럿이 모여서 밥도 먹고,
내가 안 보이면 죽었다고 생각하고
이 할마이들이 찾아오겠지……
그게 다여."

별거 있나. 이렇게 모여서 놀면 노인정이지." 한다.

  어리석은 질문에 현명한 답변을 들은 나는 머쓱해 진다. 수박 한 통을 바로 구입해서 화투판에 조공으로 바친다. "할머니, 제가 경찰관인데" 하면서 경찰 신분증을 보여주니 "노름한다고 잡으로 왔나"며 큰소리로 웃으신다.

  "그게 아니고 뭐 좀 물어볼 게 있는 데 알려주세요."
  "뭔데?"
  "할아버지는 어디 가시고 할머니들뿐이세요?"
  "응, 영감들은 다 갔어."
  "어디를 갔다고요?"
  "다 죽었다고, 성질들이 급해서 다들 빨리 갔어. 여기 전부 다 과부뿐이여."
  "그럼 우리 이쁜 할머니는 소원이 뭔가요?"
  오랜 형사생활 끝에 터득한 비장의 카드를 사용했다. 할머니는 이쁘다는 말 한마디에 너무 좋아하신다. 이쁜 할머니는 믹스커피를 숟가락으로 휘휘 저어 건네주신다.
  "우리? 뭐 별거 없지. 그냥 내 집에서 살다가 가는

게 최고지. 이렇게 화투도 치고, 여럿이 모여서 밥도 먹고, 내가 안 보이면 죽었다고 생각하고 이 할마이들이 찾아오겠지…… 그게 다여."

"그럼 장례도 할머니들끼리 하는가요?"

"그거까지는 욕심이고, 자식새끼들이 해주면 좋고, 아니면 그냥 화장해서 뿌려 줘."

할머니들이 소박하신 건지, 해탈하신 건지. 그렇다 그들은 큰 욕심이 없다. 그냥 남편이 살았던 곳, 부인이 살았던 집에서 생을 마감하고 싶은 것이다.

집에서 혼자 사는 것은 고독사의 위험이 높다고 많은 전문가와 각종 매체는 그렇게 말을 한다. 분명 이들은 혼자 살고 있다. 자식은 있어도 연락 안 하고 산 지 오래다. 그러나 자식들이 호적상 등재되어 있고 자식들의 생활수준이 일정한 수준이기에 보조금을 받을 수가 없다. 이분들은 구청에서 항상 고독사 대책으로 내놓는 것 중 하나인 "복지 사각지대를 찾아서 해결하겠다"의 그 복지 사각지대에 계신 분들이다. 분명 고독사 예비군이다.

그런데 여기 이 작은 도박판의 할머니들에게는 전

혀 고독사의 징조가 보이지 않는다. 왜일까, 왜 책대로, 통계대로 되지 않는 걸까?

공무원들이 고독사 예방이라고 내놓은 정책은 모두 책상머리에서 나오는 것이다. 보기에는 근사하고, 예산도 어마어마하게 들고, 모르는 사람이 보면 큰일이라도 하는 것처럼 보이는 정책이다.

여기 이 도박판의 회원들은 대학교수도, 복지 전문가도 아니다. 소학교가 전부인 할머니들이 '고독사 예방'에 대한 대책의 일부인 생활공동체의 좋은 점을 몸으로 보여주신다. 여기 이 작은 도박판에서 노인문제 해결에 대한 퍼즐의 일부가 끼워 맞춰지는 것 같아 흥분이 된다.

할머니들은 해가 뜨면 이 경로당 아닌 경로당에 모인다. 각자 먹을 양식을 들고……. 그렇게 모여 어두워질 때까지 같은 연배끼리 모여서 화투도 치고 식사도 하고 수다도 떨고 낮잠도 주무시고……. 근처 병원을 가신다든지 볼일이 생기면 혼자 가지 않고 꼭 짝지를 데리고 같이 간다. 같이 가야 심심하지도 않고 좋으시단다.

회원 중에 환자가 발생하면 경로당은 환자의 집으로 이동한다. 이동식 경로당인 셈이다. 그 이유에 대해서는 "아프다고 혼자 있으면 죽는 것밖에 할 게 없지. 그래서 누워 있는 사람 죽도 쑤고, 시끄럽게 놀아야 걱정이 없어진다"는 것이다. 할머니들은 생활공동체를 실행하고 서로서로 도우미가 된다. 그러니 이분들은 고독사를 당하지 않을 거다. 지금 걱정이 있다면 무연고자가 되지 않을까, 그게 걱정이다.

생활공동체

나는 고독사 예방 대책 첫 번째로 생활공동체를 주장한다. 요양원, 주간보호센터도 물론 좋은 곳이다. 그러나 대상자는 그런 곳보다 여름에 시원하고, 겨울에는 따뜻한 곳. 수다도 떨고, 밥도 직접 원하는 것을 만들어 먹고, 그러면서도 출입이 자유로운 노인정 같은 곳을 원한다.

내가 사는 동네에는 빈집이 많다. 빈집의 소유자가 사망하고, 그들의 자식들이 그 집을 상속으로 받지 않는 경우가 허다하다. 다가구 또는 그 집을 상속받

는 것보다 수리비, 각종 세금 등으로 나가는 것이 더 많기 때문이다. 이렇게 생겨난 빈집은 방치된다.

빈집을 이용해 작은 노인정을 만들어 근처에 있는 분들이 사용하게 하는 것은 어떨까. 아니면 빈집을 수리해서 비슷한 연배, 비슷한 형편의 복지 사각지대에 놓여 있는 노인 3, 4명을 함께 살게 하는 것은 어떨까. 경제적인 부담도 줄일 수 있고, 서로가 도우미로서, 간병인으로서, 말벗으로 살게 하는 것은 어떨까.

보기 흉한 빈집이 사람 사는 집이 되는 순간, 도시

미관도 좋아지고, 생활공동체로 인한 고독사 예방도 가능해진다. 생활공동체는 생활비, 의료비, 각종 생활지원비(간병인)도 아낄 수 있고, 복지 사각지대 해소와 정서적 안정을 유지하는 데 도움이 될 것이다. 2016년 조사에 따르면 1인가구가 다인가구보다 우울감을 느끼는 비율이 2배가량 높았다. 생활공동체는 우울감, 외로움 완화에 효과적일 것이다.

한편 청년 고독사는 경제적 고립이 원인이다. 지금의 청년세대들은 우리 세대보다 더 안타깝다. 우리 때는 일자리가 풍부했다. 소비와 공급의 선순환이 가능했고 그로 인해 고도성장이 가능했다. 지금은 저출산으로 생산인구가 적어지고 부양인구만 증가하고 있다. 그러니 지금의 청년들에게는 일자리가 없다.

일자리가 없으니 청년들은 경제적 빈곤 속에서 모든 것을 포기하고 더 포기할 게 없어지면 남은 생을 포기한다. 나라님도 국회의원님도 정치에 발을 내딛는 그 어떤 분들도 항상 청년실업, 청년일자리 제공을 공약으로 내걸었다. 그러나 아직 공약(空約)일 뿐이다.

고시텔 막둥이, 이력서를 준비한 피지도 못한 소녀, 양복을 입고 면접을 꿈꿨던 옥탑방의 청년들에게 내가 복지 담당자라면 무엇을 해줄 수 있을까 생각해본다.

먼저 그들의 경제적 문제를 약간이라도 도와줄 수 있는 청년들만의 생활공동체를 만들고 싶다. 노인들의 생활공동체와 비슷하다. 은둔형 생활자를 포함한 청년 서너 명을 모여 살게 하는 것이다. 이를 통해 서로 상처받은 마음을 위로하고 치료해주는 건 어떨까.

요즘 청년들을 '포스트잇'이라고 표현한다. 쉽게 만나서 쉽게 헤어지고 필요에 따라 언제든지 모여 살기도 하기 때문이다. 꼰대들이 빠진 공간에 청년끼리 모여 일정한 규칙 속에 사는 건 분명 도움이 될 것 같다. 구청에서는 빈집을 수리한다. 그리고 월세를 면제해주는 조건으로 청년들에게 주거를 제공한다. 청년들에게 월세를 받지 않고 무상으로 살게 해주는 것이다. 그럼 청년들은 월세에 해당하는 금액을 줄일 수 있다. 청년들은 월세를 아끼면서 또래들과 서로의 고민을 이야기하며 그들만의 공간을 만들 수 있다. 또한 그들에게 취미생활을 함께할 수 있는 기회를 제공한다면 지금의 고립된 삶보다는 좋아질 것이라 생각한다.

그러나 생활공동체는 실현가능성이 낮다. 가장 큰 이유는 지자체장이 허락하지 않을 것 같기 때문이다. 지자체장은 정치인으로 연임을 원한다. 연임을 위해서는 구민들에게 자신의 공적을 보여줘야 하는데 고독사 예방은 눈에 보이는 공적이 아니다. 그들은 어마어마한 세금을 이용해서 건물을 완공하고, 구민들이 모두 아는 지역 행사 등을 개최해서 많은 사람들 앞에서 연설을 해야 한 표라도 얻을 수 있다고 생각한다.

고독사 예방을 위해 빈집을 수리하고, 청년들의 삶의 질 향상을 위해 무료 주거지를 제공하고, 복지 사각지대에 있는 노인들을 모여서 살게 하기 위해서는 어떻게 해야 할까. 만약에 지자체장이 눈에 보이는 실적보다는 시민을 위하는 마음을 가지고 있다면 가능할 것이다. 그게 아니라면 우리가 지속적으로 목소리를 내야 한다. 청년과 노인을 위한 정책을 펼치라고 말이다. 그래야 우리 한반도에서 고독사의 그늘을 지울 수 있다.

21세기 계약에 의한 가족

무연사회

무연사회에서는 인간관계가 희박해지고 사람들은 고립된 채 고독한 삶을 살아간다. 삶의 마지막에는 임종을 지키는 사람 하나 없는 죽음이 기다리고 있다.

유연사회

유연사회는 인간관계가 두텁고 가깝다. 그래서 밀접한 관계를 유지하며 살아간다. 고립된 사람이 없으므로 고독함에 빠질 겨를이 없다. 죽음도 가까운 사람들이 지켜보는 가운데 맞이한다.

유연사회에서는 고독사, 무연사가 일어날 수 없다. 그렇다면 지금의 무연사회에 유연사회의 장점을 접

목해보는 것은 어떨까?

가족! 그렇다. 가족이다. 무연화가 되어가면서 가족의 역할은 미미해지고 심지어 붕괴되었다. 한번 붕괴되어버린 가족을 회생하는 것은 상당히 어렵다. 그래서 고독사가 일어나는 것이다. 그렇다면 단절된 가족 대신 국가와 사회가 새로운 가족이 되면 어떨까. 가족이 돌아오지 않으면 가족을 새롭게 만들자. 21세기 계약에 의한 가족을…….

나는 오래전부터 상상을 해왔다. 가족의 재탄생을. 일본에서는 이미 신탁회사를 통해 생전계약을 시행하고 있다. 일본국민은 정부를 비판하지 않는다. 그리고 신뢰하지도 않는다. 그러나 우리 국민은 정부에 대해 끊임없는 비판을 한다. 그래도 마음에 들지 않으면 촛불로 공격을 한다. 그러다가 한번 믿으면 당차게 믿음을 유지한다. 나는 이 차이를 이용해서 우리나라 실정에 맞게 신탁회사가 아닌 정부 또는 정부기관으로부터 위임을 받은 단체가 신탁회사의 역할을 대신하는 것으로 재구성해보았다.

생전계약

사람은 언제 어디서든 문제가 발생할 수 있다. 충분한 판단 능력이 있을 때 자신의 의사로 사후의 일이나 판단 능력이 잃었을 때를 생각해두어야 한다. 어떤 때 어떤 지원이 필요할지를 미리 결정하고 계약해두는 것이 '생전계약'이다. 유연사회에서는 요양간호나 최후의 병간호, 장례식이 가족의 몫이었지만 무연사회인 지금은 오롯이 스스로 해결해야 한다.

생전계약은 생전사무와 사후사무로 나눈다. 생전사무는 생활, 요양, 간호, 재산관리, 기타 사무관리가 포함되고 사후사무는 화장, 납골, 장례가 기본인 기본형 사무와 자유선택형 사후사무로 나뉜다. 조금 더 구체적으로 살펴보자.

1) 생전사무

일상생활 속에서 예상치 못한 일이 일어나 누군가의 도움을 받고 싶을 때, 도움을 받을 수 있는 것이 생전사무 위임 계약이다. 지금까지 가족이 당연하게 담당해온 일을 정부 또는 정부로부터 위임을 받은 단체에게 의뢰함으로써 안심할 수 있는 생활이 보장된다.

상세히 살펴보면 다음과 같다.

생활·요양 간호

① 일상생활 지원

② 의료 진료 지원

③ 생활·요양간호 등에 관련된 비용 지불 대행

④ 요양보험을 포함한 사회복지 서비스 수급절차·서
비스 내용 확인 등에 대한 지원

재산관리

① 금융거래의 대행

② 대출·신용거래 등 채무의 상환대행

③ 부동산의 유지 관리 등의 대행

기타 생활지원

① 의료기관 입원 보증

② 취업 시 신원인수 보증

③ 임대주택 등에 입주 시 신원인수

④ 해외여행 시 보증

⑤ 양로원 등 거주형시설 입주 시 신원인수

⑥ 긴급 시 연락장소 수탁

⑦ 의료상의 판단을 수반하는 수술 승낙의 대리

⑧ 재산의 유지관리나 처분 등의 지원이나 대행

⑨ 보험 기타 필요한 복지서비스 계약 대리

⑩ 그 밖에 현재 가족이 하고 있는 일이나 일상생활에 서 발생하는 애로사항 해결 및 삶의 질을 향상시키 기 위해 필요한 생활상의 각종 지원 보장

2) 사후사무

사람이 한 명 사망하면 상상 이상으로 해야 할 일 이 많다. 그 일 중에는 '누구나 반드시 해야 하는 것' 과 '그 사람에 한하여 필요한 것'이 있다. 무엇이 필요 한가를 생각해 필요한 것만 선택해서 의뢰할 수 있다.

화장·납골·장례식
① 장례식장
② 상조회사

③ 장례지도사의 유무

④ 장례식 집행

⑤ 희망 상주

⑥ 장례식 참석 희망자

⑦ 가져가고 싶은 물건 또는 입고 싶은 의복

⑧ 희망하는 묘지

⑨ 희망하는 장례 방법

⑩ 장례식 일수

⑪ 영정사진

⑫ 예상하는 장례비용

⑬ 장례비용이 없으면 어떻게 할 것인지

⑭ 유언 및 재산 상속 및 기증 방법

- 유언장 작성 방법

- 유언장 집행

- 누구(배우자, 자녀, 형제, 자매, 이웃, 친지 등)에게
  어떤 물품을 기증할 것인지, 남기고 싶은 말 등

사후 잔무 처리

① 전기, 수도, 가스 등의 요금 지불이나 정리

② 살던 주거의 정리

③ 임차인의 경우 반환 사무

④ 동거한 사람에 대한 이사와 지원

⑤ 보험, 연금 등의 처리

⑥ 신용카드, 통장, 각종 카드류의 해지

⑦ 반려동물의 보호 방법

⑧ 남은 가족의 부양 방법

이렇게 생전계약에 대해 세부적으로 정리해보았다. 무연고자가 사망하고 상속자가 없다면 재산은 법원에 공탁된 후 일정기간 뒤 국가에 귀속된다. 그러나 한국토지주택공사(LH)는 공공임대주택에서 살던 무연고자가 사망하자 절차상의 번거로움을 이유로 LH계좌로 무연고자의 보증금을 넣었다. 심지어 행정적 편의를 위해 노인에게 미리 유언장을 받기도 했다. 생전계약을 하면 이를 막을 수 있다. 그들은 자신의 돈으로 장례를 치를 수 있을 것이다. 무언가가 부족하다고 느껴지면 그것은 실행하면서 수정하면 될 것이다.

진행 방법

① 복지 사각지대, 홀로거주자 등을 상대로 한 홍보용 광고판 및 전단지를 행정지원센터, 노인복지회관, 관리사무소 등에 설치

② 1차 전화상담

③ 2차 대면상담

④ 가입의사 확인 후 등본, 가족관계증명서 제출(연

고, 생활소득, 국가유공자 등을 파악)

⑤ 안심카드 발급(안심카드 소지자는 거주 구에서 가족대행을 하고 있으며 응급사항 시 연락 바란다는 내용)

⑥ 눈높이 안부 시작

⑦ 희망노트 작성, QR코드 이용 생전모습 저장, 임의 후견인 신청 및 감독인 선정. 공증절차 진행을 끝으로 새로운 가족 탄생

6번이 잘 이해가 되지 않을 것이다. 그럼 하나의 예를 들어 보자. 내가 살고 있는 도시의 경우 보통 한 구에는 65세 이상 홀로가구 3만 세대가 있다. 동 단위로 20명 내지 40명의 홀로가구 거주자를 고용하여 남은 세대의 친구가 되게끔 하는 것이다. 이른바 고고(孤孤)케어다.

외로운 사람이 외로운 사람의 마음을 잘 안다. 홀로가구 생활자들이 그들의 친구가 되고 말벗이 되는 것이다. 스스럼없이 그들과 어울릴 수 있는 장점이 있다. 어설프게 그들을 이해한다며 다가가서 오히려 그

들의 마음의 문까지 닫게 하는 우(愚)를 범하는 것보다 좋을 것이다. 그들에게 무엇이 필요하고 무엇을 원하는지 친구로서, 가족으로서 역할을 충실히 수행할 수 있다.

또한 각 동마다 청년들을 관리자로 선출하여 후견 사무를 볼 수 있게 하면 된다. 그러면 최소한 200여 명의 노인일자리와 20여 명의 청년일자리가 생길 수 있다. 로봇에게 일자리를 뺏기지 않아도 되고 사람의 손길로 사람을 도울 수 있다는 말이다.

이렇게 된다면 편안하게 살다가 죽을 권리가 보장되지 않을까. 앞서 말한 내 집에서 사람한테 돌봄을 받으면서 노인정에 들르는 삶을 보장해 줄 수도 있다.

고독사를 피하는 방법

　보건복지부는 지난 5년(2017~2021년)의 고독사 발생 현황과 특징을 조사해 2022년 12월 13일 "2022년 고독사 실태조사" 결과를 발표했다. 경제적 문제, 사회와의 단절, 1인가구 증가 등 여러 요인에 의해 갈수록 늘어난다고 추정되는 고독사 실태를 국가 차원에서 조사해 공식 통계를 낸 것은 이번이 처음이라고 한다. 이번 통계에 의하면 고독사로 인한 사망 사례는 2017년 2412건, 2018년 3048건, 2019년 2949건, 2020년 3279건, 2021년 3378건 등 1만 5066건으로, 지난 5년 사이 연평균 8.8%씩 증가했다고 한다.

　성별로는 남성 사망자가 여성보다 평균 4배 이상

많았는데, 2021년의 경우 남성 고독사 사망자가 여성의 5.3배로, 특히 50대 남성과 60대 남성이 전체의 절반 이상이었다. 통계청 자료에 의하면 남성은 여성보다 6년 단명한다고 한다. 그런데 앞선 보건복지부 자료에 의하면 고독사의 84%가 남성이다.

남자들은 왜 고독사를 당하는 걸까. 나이가 들면 생각의 폭이 좁아지고 사회적응 속도가 느려져 소외되고 고립되기 쉬운 존재로 변하기 때문이라고 생각한다. 남성의 경우 혼자 살게 되면 청소나 요리 등 일상생활에서 여성에 비해 생활력이 떨어진다. 혼자 남은 할아버지나 중년 남성은 서투른 생활력으로 집에 틀어박히는 경우가 많다. 그들은 외부에서 접촉하려고 하면 단호하게 거부한다.

"뭡니까. 필요 없어요. 돌아가세요."

2022년 서울시에서 실시한 고독사 위험군 조사에서도 24.9%가 조사를 거부했다. 생활보호사 또는 주민센터 및 여러 단체에서 관계 개선을 위해 방문을 해도 이런 말을 들으면 억지로 강요할 수 없다. 이런 경우 생존 여부만 겨우 확인할 뿐, 더 이상의 관계를 이어 갈 수 없다.

이것은 남자들의 특성일까, 아집일까. 혼자 활동하고, 주변과 어울리지 못하고, 수명은 짧고, 고독사를 당하고…….

지금까지 30년째 형사생활을 하고 있는 나는 단 한 번도 여성이 남성보다 우월하다고 생각한 적이 없다. 그런데 고독사에 관심을 가지고 연구를 시작한 후로 남성은 절대 여성을 이길 수 없다는 것을 알았다. 여성은 DNA상 우월한 존재임을 알았다.

여성은 왜 고독사에서 비교적 안전하고 남성은 고독사에 많이 노출되는 걸까.

우리 사회에서 일반적으로 남자는 오랜 시간 직장생활이나 사회생활을 하면서 자신이 최고다, 내가 없으면 회사가 안 돌아간다는 착각 속에 평생을 갇혀 사는 경우가 많다. 젊은 층으로부터 하지 말아야 할 말로 손꼽히는 "라떼(나 때는…)"만 봐도, 가만히 생각해보면 그런 말은 남성들이 독점을 하고 있다. 이런 말들이 자식들과의 대화 단절로 이어진다.

그런데 여성들은 어떠한가. 심리학자 사이먼 배런

여성이 남성보다 평균 수명이 길지만
고독사 비율은 남성이 더 높다.
부인을 먼저 보낸 남성은 부쩍
늙어간다. 정부에서 많은 노력을
하고 있지만 개인적으로도 고독사를
당하지 않게 노력해야 한다.

코언은 일반적으로 여성이 남성보다 공감테스트에서 더 높은 점수를 받는다는 것을 알아냈다. 그는 "대개 여성의 두뇌는 공감 기능이 더 뛰어나고, 여성들은 상대적으로 관계를 맺고 감정을 다루는 데 더 소질이 있다"고 말했다. 그러니 나이가 들어도 여성은 사회적응이 빠르고 유연하게 노후생활을 하는 것 아닐까? 여성의 우월한 DNA를 조작하여 단순한 남성을 만들었다는 말도 헛말은 아닌 듯하다.

앞서 말했든 여성이 남성보다 평균 수명이 길지만 고독사 비율은 남성이 더 높다. 부인을 먼저 보낸 남성은 부쩍 늙어간다. 정부에서 많은 노력을 하고 있지만 개인적으로도 고독사를 당하지 않게 노력해야 한다. 특히 남성은 스스로 많은 주의를 기울여야 한다. 그럼 이제 고독사를 피하는 방법을 알아보자.

집을 청소하자

인간이 만들어낸 지혜의 정수인 종교는 우리에게 "죽음은 반드시 찾아온다, 죽음은 누구에게나 평등하다"고 가르친다. 그러나 죽음은 평등할지 몰라도 고독사는 평등하지 않다. 개인적으로 사람마다 성향 차이가 있듯이 죽음에도 차이가 있다.

고급주택에서 고독사는 거의 일어나지 않는다. 반면 저소득층 지역 거주지에서는 고독사가 많이 발생한다. 고급주택에 거주하는 사람은 주변에 많은 사람이 있다. 가사도우미, 간병인 그리고 그 재력을 호시탐탐 노리는 지인들까지. 사람이 끊이질 않는다. 그러니 고독사를 당하고 싶어도 당할 수 없다.

반면 저소득층 지역에 거주하는 홀로거주자의 옆에는 아무도 없다. 특히 고집이 센 사람이라면 외부와의 단절로 100% 고독사를 당한다.

그러면 가난한 사람은 반드시 고독사를 당하는 것일까? 그렇지 않다. 재력이 없어도 고독사를 피할 수 있다.

봉사활동으로 저장강박증 환자의 집을 청소한 적이 있다. 그분들은 집에 사람이 들어오는 걸 싫어한다. 집이 어질러져 있고, 냄새가 진동하고, 방에는 반려견의 배설물이 가득하기 때문이다. 그들은 병적으로 물건을 쌓아 두면서도 더러운 집을 보여주기 싫어

했다.

집이 깨끗한 곳에서는 고독사가 발생할 확률이 낮다. 집을 정리하는 마음 자체가 삶의 희망이고 청소로 최소한의 단절을 막을 수 있기 때문이다. 그러니 지병으로 또는 노화로 인해 집 청소를 할 수 없다면 지자체에 도움을 요청하길 바란다.

여성은 이런 경우 수시로 도움을 요청하는데 남성은 부끄러움과 자신의 치부를 보여주기 싫어하는 마지막 알량한 자존심으로 끝까지 집 청소를 거부한다. 하지만 집을 청소하지 않는 것은 자기 방임으로 인한 소극적 자살행위이다. 부끄러워하지 말고 도움을 요청하자. 청소는 돈이 없어도 고독사를 막을 수 있는 좋은 방법이다.

사랑을 하자

국민가수 조용필 씨가 63세에 작곡한 <바운스>라는 노래를 아는가. 사랑의 두근거림에 대한 노래이다. 이처럼 나이에 상관없이 이성을 생각하면 심장이 뛰고 호르몬이 증가한다. 연애는 젊은이만의 특권이 아니다. 나이가 몇 살이 되어도 설레는 마음이 중요하다고 본다.

노인의 연애는 젊은이들과는 사뭇 다르다. 면역력을 높여주고, 질병을 막아주고, 희망찬 내일을 생각하게 하기도 하고, 아무튼 좋은 것이다. 조용필 씨도 그 느낌을 알기에 63세에 <바운스>를 만들지 않았을까? 이런 작은 희망, 즐거움을 누리고 사는 것이 중요하다.

나는 가까운 노인센터에 봉사활동을 자주 간다. 노인센터에서도 좋아하는 사람이 있는 할아버지, 할머니는 바로 표시가 난다. 기침과 사랑은 숨길 수가 없다고 하지 않는가. 교복을 입고 빵집에서 첫사랑을 기다리는, 극장 입구에서 사랑하는 사람이 오기를 기다리는 표정으로 센터 출입문을 보고 있는 모습은 사춘기의 그 모습, 그 미소 그대로이다.

노인센터 남성과 여성의 비율은 8대 2, 또는 7대 3으로 여성의 숫자가 압도적이다. 노인센터에 오시는 할머니들은 그냥 오시는 분이 한 분도 없다. 다들 새색시처럼 화장을 하고 오신다. 할아버지는 10명 중

서너 명만 겉모습에 신경을 쓰신다. 그런 할아버지 주변에는 말 걸어주고 챙겨주는 할머니들이 있다. 멋쟁이 할아버지 외 다른 할아버지는 센터의 구석 자리에서 멍하니 하늘만 보고 계신다. 아마 센터에서도 즐겁지 않으실 것이다.

외모관리가 중요한 것은 젊은이들에게만 해당되는 것이 아니다. 나이에 상관없이 모두 가꾸어야 한다. 그러니 두근거리고 싶다면, 사랑하고 싶다면 정성들여 옷을 고르고 내친 김에 화장도 해보자. 거울에서 예전의 소년소녀 같은 얼굴을 볼 수도 있고 자신 스스로가 조금 더 좋아질 수도 있다.

남자도 여자도 죽을 때까지 성욕은 있다. 성에 관심이 없다면 죽음에 가까워지는 것이다. 그러니 사랑을 하자. 꼭 이성이 아니라도 좋다. 동성이라도 그 사람과 대화를 하면 시간 가는 줄 모르는 사람이 있을 것이다. 취미를 가지는 것도 좋다. 사람이 아니더라도 무언가를 사랑하는 설렘은 같은 것이기 때문이다. 두근거림이 있는 한 고독사는 없다.

나는 콜라텍이 참 좋은 곳이라고
생각한다. 어른들의 놀이터이다.
입장료는 평일 1500원, 주말에는
2000원이다. 그곳에서는 원빈
할아버지와 김태희 할머니를 쉽게
찾아볼 수 있다.

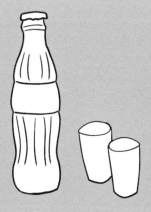

콜라텍에 가자—1500원의 행복

우리 경찰서 관내에는 콜라텍이 여러 군데 있다. 처음에는 절도 신고를 받고 아무 생각 없이 갔으나 이제는 어르신들과 소통의 장을 열기 위해 자주 가고 있다. 그곳에서 자칭 '트위스트 박'이라는 할아버지를 사귀게 되었는데 진짜 영화배우 '트위스트 김'을 닮은 듯한 얼굴에 춤도 기가 막히게 잘 추신다. 현란한 스텝은 한창 나이 어린 나도 따라 하면 숨이 찰 정도이다. 무대 의상도 거의 프로급으로 준비를 하지만 그렇다고 진짜 가수는 아니다. '트위스트 박'은 단골손님일 뿐이다. 우리 세대 말로는 '쭉쟁이'다.

그분은 지금까지 솔로다. 모태솔로인지 아닌지는 모르지만 법적으로는 솔로가 확실하다. 그분은 "젊었을 때 공장 기계가 하도 배가 고파서 왼팔을 주었다"고 하셨다. 그렇다. 그분을 좌수가 의수이다. 그리고 임대아파트에 혼자 살고 있다. 그럼에도 얼굴에는 전혀 어두움이 없다. 긍정적인 사고방식 덕분인지 첫인상이 '성공한 사업가'같이 보였다. 그분은 기초수급비 외 폐지를 수거한 약간의 수입으로 생계를 꾸려나가고, 일주일에 꼭 한 번은 콜라텍에 출근한다.

큰 가방 안의 무대의상과 빤짝빤짝 광이 나는 구두는 필수템이다. 트위스트 박이 콜라텍에 입장하면 좌중을 사로잡는다. 모르는 사람이 없다. 모든 사람과 인사하며 대화를 진행한다. 트위스트 박과 춤을 추기 위해 기다리시는 할머니들의 눈에는 하트가 뿅뿅이다.

그는 콜라텍에서는 기초수급자 박 씨가 아니다. 그에게 콜라텍은 삶의 원동력이다. 일주일에 한 번씩 콜라텍에 오고 그곳에서 만난 사람들과 연락을 하며 남은 6일을 보낸다. 내가 어릴 적에 친구들과 일주일에 한 번씩 나이트에 가서 노는 것과 같다.

나는 콜라텍이 참 좋은 곳이라고 생각한다. 어른들의 놀이터이다. 입장료는 평일 1500원, 주말에는 2000원이다. 그곳에서는 원빈 할아버지와 김태희 할머니를 쉽게 찾아볼 수 있다. 서로 이야기하며 안부도 묻고, 춤도 추고, 참 즐겁게 노는 모습이 고독사하고는 전혀 관계없어 보인다.

할아버지 기술이 들어갔나 보다. 할머니와 함께 나오신다. 두 분은 시장통 안에 있는 국수집에 앉는다. 무슨 이야기를 하는지 표정들이 너무 밝다. 역시 사랑은 나이 구분 없이 행복호르몬 도파민을 뿜뿜 쏟아낸다. 나이가 들면 들수록 혼자가 되고, 외롭고 고독해지는 것은 당연하다. 그럴수록 콜라텍과 같은 곳에 가서 친구도 사귀고 여러 사람들과 대화도 하면서 외로움, 고독감을 날려버리자. 1500원이면 가성비 베리굿이다.

지자체에서 매달 한 번씩 65세 이상 홀로거주자들을 콜라텍에 모아 춤을 추게 하는 건 어떨까. 댄싱킹, 댄싱퀸을 뽑아서 소정의 상품도 주고……. 꼭 춤이 아니라도 좋다. 그분들에게 일탈의 기회를 주자는 것이다. 반강제적인 모임을 만들어주자는 말이다. 그리고 출입구에서 기초적인 건강검진 등을 받을 수 있게 한다면 처음에는 참여율이 저조하겠지만 나중에는 충분히 사랑방 역할도 할 것 같다.

소통을 하자

사실 남성들이 고독사를 피하는 가장 쉬운 방법은 아내보다 먼저 가는 것이다. 이는 노력하지 않아도 통계가 말을 해주고 있다. 남편과 아내 둘 중에 누군가가 사별을 하면 어떻게 될까.

여성들 가운데는 사별 후 시간이 지나면 이상할 정도로 젊어지는 분들이 많다. 청춘이 다시 오는 듯 활기찬 생활을 하며 제2의 전성기로 돌아간다.

반면에, 아내를 먼저 보낸 남성은 보는 사람들의 마음이 아플 정도로 애처롭다. 홀로 된 외로움과 함께 현저하게 낙후된 생활로 인해 부쩍 늙어가는 것을 알 수 있다. 그런데다 나이가 들수록 옆에 있는 사람에게 말로 상처 주고, 눈빛으로 기분 나쁘게 하고, 대화가 되지 않으면서 벽을 치는 고급 기술이 늘어난다. 다른 사람과 대화하기가 점점 어려워지고, 정말 사회로부터 고립되고 외톨이가 되는 것 같다.

우리나라 남성들은 참 무뚝뚝하다. 길거리에서 마주친 남성들은 모두 상대방을 째려보는 것 같다. 속마음은 따뜻한데……. 무뚝뚝한 사람은 초면인 사람에게 말을 거는 게 어려울 것이다. 그러나 지금의 친구도 처음에는 초면이었다. 말을 거는 행위는 고독사 방지에 아주 좋은 훈련이다. 자꾸 말을 걸어보는 훈련을 해야 한다.

편의점 카운터에서 카드만 건네지 말고 다정하게 그곳에서 일을 하시는 분에게 "고맙습니다. 참 친절하시군요. 학생 참 잘생겼네요." 식당에서도 "맛있게 잘 먹었습니다. 분위기가 참 좋아요." 등등 먼저 인사를 건네고 말을 걸어보길 바란다. 분명 서먹서먹한 분위기가 달라질 것이다.

아이고 나는 도저히 못 하겠다는 분은 반려견을 키우는 것도 좋다. 여러분이 반려견을 운동시키는 것이 아니라 반려견이 여러분을 운동시켜줄 것이다. 매일 산책을 하다 보면 다른 반려견의 주인과 대화를 할 기회가 주어질 것이다.

"아기(반려견을 아기라 부른다)가 참 이쁘네요. 미용은 어디에서……"

반려견을 키우는 입장이라 의심 없이, 거부감 없이 당신의 질문에 답을 할 것이다. 이렇게 당신이 먼저 다가가지 않으면 대화의 문은 절대 열리지 않을 것이다.

　나이가 들고 혼자일수록 분리수거함에 자주 가는 것도 좋다. 분리수거함은 당신을 고독사의 늪에서 구해줄 좋은 방법 중 하나이다. 남자가 분리수거함이 웬 말이냐며 한숨 쉬는 분도 있을 것이다. 일단 쓰레기봉투에 분리하지 않은 쓰레기를 가득 담아 수거함으로 가보자. 분명 누군가가 당신에게 분리수거 방법을 알려줄 것이다. 아마도 그분은 통장이나 반장이 아니면 아파트 부녀회 회원 또는 봉사심 많은 사람일 것이다. 그런 분들과 조금씩 대화의 문을 열어보며 연습해보자.

　자발적으로 분리수거함 주변을 청소해보는 것도 좋다. 그러면 아파트 단지 내에서 여러분은 인싸가 될 것이다. 여러 봉사단체 또는 부녀회에서 당신에게 수많은 콜을 던질 것이다. 이렇게 사람들과 천천히 소통을 해보자.

　여러분이 보이지 않을 때 누군가가 관심을 가지고 연락을 해 오는 사람이 있다면 지금까지 99% 실패한 인생을 살았다고 하더라도 1%는 성공한 것이 된다.

그리고 그 1%의 성공으로 인해 당신의 마지막은 행복할 것이다.

인터뷰:
'고독사' 관련 정책과 현황 그리고 대안

인터뷰이 : 권종호 저자
인터뷰어 : 이선화 편집자
일시·장소 : 2023년 1월 31일 산지니X공간

한국에서 고독사가 사회적 이슈가 된 것은 2010년 전후입니다. 『고독사는 사회적 타살입니다』는 고독사가 주목받기 전부터 고독사 현장을 마주한 현직 경찰관의 이야기라는 점에서 의의가 있다고 생각합니다. 이번 인터뷰는 책에 미처 담지 못한 '고독사' 관련 정책과 현황 그리고 대안에 대해 더 자세히 알아보고자 준비했습니다.

<편집자 주>

고독사(孤獨死)는 일본 사회의 신조어로, '고도쿠시(kodokushi)'로 발음됩니다. 일본에서는 1990년대부터 무연고 시신의 증가가 잇따르면서 고도쿠시란 용어가 정착되었습니다. 그런데 2022년 12월 18일 미국 CNN은 한국 중년 남성들의 고독사 문제를 집중 조명하며 한국어 발음 그대로 'godoksa'라고 부르더군요. "한국에 문제가 있다. 해마다 중년의 고독한 남성 수천 명이 홀로 죽고 있고, 사망 사실조차 알려지지 않은 경우가 많다"고 말이죠. 선생님은 한국 사회 고독사 문제의 심각성을 알리고, 예방하기 위한 활동을 지속적으로 해 오셨습니다. 그간의 소회를 듣고 싶습니다.

제가 처음 고독사 현장을 마주한 것은 2005년이었습니다. 하지만 그전에도 고독사는 발생하고 있었습니다. 고독사가 하루아침에 나타난 것은 아닙니다. 고독사라는 단어가 생기기 전까지는 행려환자라는 말로 그들을 지칭했습니다. 행려환자와 고독사 사망자 모두 사망하면 부산9-1과 같이 표기됩니다. 부산에서 9월에 사망한 첫 무연고 사망자라는 뜻입니다. 자신의 죽음에도 그들은 자신의 이름을 남기지 못합니다.

사람들이 관심을 가지면 이런 죽음이 없어지지 않을까 해서 고독사를 알리기 시작했습니다. 사실 사람들의 눈총을 많이 받았습니다. 고독사는 복지사회의 그림자 같은 것이니까요. 그래도 저를 믿어준 친구와 가족이 있어서 계속할 수 있었습니다.

한국 사회에서 고독사 예방은 아직 갈 길이 멉니다. 복지와 행정체계에 개선이 필요합니다. 고독사 방지를 위한 체계가 마련되면 그때 저의 소회를 말하고 싶네요.

한국의 고독사 현실과 제도

일본은 연간 고독사가 3만 건 넘게 발생합니다. 한국은 통계상 3300여 건입니다. 선생님께서는 책에서 일본은 고독사에 관한 시간 규정이 확실하나 한국은 담당 공무원이 자의적으로 결정한다고 지적하였습니다. 한국은 고독사 통계도 2022년에 처음 나왔습니다. 실제 고독사 발생 건수는 어느 정도로 추정하시나요?

글쎄요, 저는 추정도 불가능하다고 생각합니다. 한국에서는 고독사 정의가 구체적으로 확립되지 않았기 때문입니다. 제가 자의적으로 고독사를 가늠할 수는 없습니다. 다만 제가 생각하는 고독사는 사망 후 72시간이 지나 발견된 죽음입니다. 보건복지부도 저와 비슷한 기준으로 고독사를 정의하는 것 같습니다. 그에 비해 지자체는 담당자에 따라 고독사를 사후 5일로 보기도 하고 7일로 보기도 합니다. 그러니 지자체 고독사 발생 건수와 보건복지부 발표에는 확연한 차이가 있습니다. 그 외에 파악하지 못하는 죽음도 있습니다. 집값 하락, 소문 등을 걱정해서 집주인이나 가족이 신고를 하지 않기도 합니다.

단순히 숫자로만 보면 일본의 고독사 수가 인구 1억 5천에 3만이니 한국은 5천만 명에 만 건이 발생해야겠죠. 저는 아직 그 정도는 아니라고 봅니다. 그러니 하루 빨리 고독사 정의를 마련하고 한국에 맞는 대비를 해야 합니다.

연도	A시 발표 고독사 발생 건수	보건복지부 발표 A시 고독사 발생 건수
2017년	40	219
2018년	28	251
2019년	27	254
2020년	17	315
2021년	14	329

2022년 나눔과나눔에서 공영장례를 지원한 서울 무연고 사망자 1072명 중 비혼이 509명, 이혼한 경우가 324명, 배우자 있음이 82명이었습니다. 배우자의 유무에 따

라 고독사 위험성이 눈에 띄게 달라집니다. 그런데 최근 한국의 1인 가구는 총 세대수의 41%였습니다. 일본은 2040년 독신 인구 47%, 64세 이하 배우자가 있는 사람을 31%로 예상합니다. 비혼, 독신, 딩크족이라는 말이 낯설지 않은 지금 고독사 대책이 시급해 보입니다.

일본이나 영국에서는 고독사 전담 조직을 두어 정부가 직접 개입하여 지역사회가 참여하는 맞춤형 지원체계를 구축하고 있습니다. 그에 비해 한국은 지자체별로 고독사 위험군에 대한 복지를 구축하고 있는 듯합니다. 정부 차원의 복지체계 준비 현황은 어떠한가요? 또, 각 지자체 제도는 어떠한가요?

그간 한국의 고독사 문제는 지자체별로 관리했습니다. 2020년에서야 고독사 예방법이 제정되었고, 2021년부터 시행 중입니다. 하지만 예방관리를 위한 종합적 정보시스템이 미비하다는 지적이 있었습니다. 이에 2023년 1월 10일 보건복지위원회 소속 국민의힘 김미애 의원(부산 해운대 을)이 '고독사 예방 및 관리에 관한 법률 일부개정법률안'을 대표 발의

자세히 들여다보면 한 사람이
담당하는 고독사 위험군이 100명을
넘기는 경우가 많아 아쉽습니다.
한 명이 100명이 넘는 사람과
유대감을 쌓을 수 있을까요, 고독사가
되기 전에 발견하는 것도 중요하지만
외로운 삶을 살게 하지 않는 것도
중요하다고 생각합니다.

했습니다. 개정안은 고독사 위기대응시스템을 구축하고, 고독사예방협의회 구성 및 운영에 관한 사항을 법률에 명시하는 것이 주요 내용입니다. 실효성에 대한 염려가 있긴 하지만 저는 정부의 관심이 더 반갑습니다. 실효성을 비롯한 문제점은 나중에 보완하면 되니까요. 다만 고독사예방협의회에 현장의 말을 할 수 있는 사람이 포함되면 좋겠습니다. 고독사 위험군이 원하는 바를 전달할 수 있고, 현 실태를 정확하게 아는 사람이요.

지자체는 매년 고독사예방특화사업비를 각 구청에 지급합니다. 그런데 이 사업비는 각종 권고안에 묶여 각 구의 실정에 맞게 사용되지 못하고 있습니다. 일회성 지급에 그치기도 합니다. 지자체에 맞는 운영을 할 수 있으면 좋겠습니다.

제가 책에서 말한 고고케어(홀로가구 거주자를 고용하여 남은 세대의 친구가 되게 해주는 제도)와 유사한 정책을 운영하는 시들이 있습니다. 하지만 자세히 들여다보면 한 사람이 담당하는 고독사 위험군이 100명을 넘기는 경우가 많아 아쉽습니다. 한 명이 100명이 넘는 사람과 유대감을 쌓을 수 있을까요. 고독사가 되기 전에 발견하는 것도 중요하지만 외로운 삶을 살게 하지 않는 것도 중요하다고 생각합니다.

　2023년 1월 26일 자 한겨레 신문을 보면 2021년 1월~2022년 9월 사이에만 장례식까지 치렀으나 사망신고가 되지 않은 무연고 사망자가 302명이라고 합니다. 지자체별로 보면 서울 영등포가 65명으로 사망신고 누락이 가장 많았고, 서울 강남 20명, 인천 옹진, 충남 천안 각각 10명, 경기 평택 9명, 경기 고양 8명, 경기 시흥, 부산 사하·금정, 경기 연천, 경북 칠곡 각각 7명이었습니다.

　무연고자 사망신고 누락을 방지하기 위해 2014년부터 지자체장이 무연고자 사망신고를 하는 것으로 개정되었음에도 누락되는 경우가 많습니다. 사망신고를 하기 위해 필요한 사망진단서 발급 비용 30만 원이 예산으로 책정되지 않은 점, 담당자의 무책임 등이 원인으로 지적되는데 가장 큰 문제점은 무엇이라고 생각하십니까?

병원이 아닌 곳에서 사망한 경우 사망신고를 하기 위해선 시체검안서 원본이 필요합니다. 이 원본을 발급받는 데 드는 비용이 질문 주신 대로 30만 원입니다. 그런데 굳이 원본을 제출해야 할까요? 경찰이 수사용으로 발급받는 사망진단서가 있습니다. 이 수사용 검안서 사본으로 사망신고가 가능하다면 누락되는 일이 없을 것입니다. 행정 체계가 바뀌어야 합니다.

담당자의 무관심도 큰 문제입니다. 담당 공무원이 관련 법을 잘 모르는 경우도 많습니다. 사망신고가 누락되어 죽은 이 앞으로 미납고지서가 쌓이기도 합니다. 복지담당자와 구청장이 관심을 가졌으면 좋겠습니다.

지난해 보건복지부 통계에 따르면 고독사 발생비율(단위: 명, 인구 10만 명당) 전국 평균은 6.6명이었습니다. 상위지역 부산(9.8명), 대전(8.8명), 인천(8.5명), 충남(8.3명), 광주(7.7명) 가운데 부산은 고독사 발생비율이 최고로 높았습니다. 이 원인이 어디에 있다고 보십니까?

간단합니다. 부산이 노인인구가 많기 때문입니다. 국내에서 가장 빠르게 초고령화가 진행되고 있습니다. 제2의 도시라는 찬사 대신 '노인과 바다'라는 놀림을 받고 있습니다. 물론 노인인구 비율이 더 높은 지역도 있습니다. 하지만 도시지역인 부산은 농촌지역보다 이웃 간의 교류가 부족합니다. 게다가 노인복지 시설이나 인력도 부족합니다. 단절은 고독사로 이어집니다.

노인시설로 노인정을 많이 꼽지만 사실 노인정은 누구나 쉽게 갈 수 있는 곳이 아닙니다. 노인정은 나들이나 음식 이용을 위한 회비를 걷는데 적은 금액이라도 기초수급자에게는 부담스럽습니다. 생활에 차이가 있으니 오히려 노인정에 갔다가 정서적으로 위축되는 경우도 있습니다. 그래서 저는 노인정이 더 다양해져야 한다고 생각합니다. 책에서 말한 것처럼 빈집을 활용하여 소수로, 비슷한 처지의 사람끼리 모이게 해야 한다고 생각합니다. 부산시에만 빈집이 사천여 개가 있습니다. 무허가 빈집까지 합하면 훨씬 많을 겁니다.

책에서 AI, 로봇을 통한 복지에 부정적인 의견을 보이셨습니다. 코로나 팬데믹과 맞물리며 로봇 동반자를 긍정적으로 보는 시각과 더불어 외로움과 사회적 고립감 완화에 도움이 되는 연구 결과도 있습니다. 이에 대해서는 어떻게 생각하시나요?

고독사의 발생 원인부터 생각해야 합니다. 가족의 붕괴로 인한 고립이 가장 큰 원인입니다. 그 고립감과 외로움을 굳이 로봇을 통해 완화해야 할까요? 코로나 규제도 완화되며 모두 일상의 삶을 누리고 있습니다. 그런데 왜 고독사 위험군은 로봇과만 이야기를 나누어야 할까요. 외로운 사람 A와 외로운 사람 B가 있다면 각자 집 안에서 로봇도우미와 얘기를 하는 것보다 장소를 제공해서 A와 B가 집 밖에서 만나는 게 낫다고 생각합니다. 외로움은 개인과 개인의 연결로 해소되지 않습니다. 여러 사람으로 구성된 집단, 사회와의 연결도 중요합니다. 로봇도우미는 이

가족의 붕괴로 인한 고립이 가장 큰
원인입니다. 그 고립감과 외로움을 굳이
로봇을 통해 완화해야 할까요? 코로나
규제도 완화되며 모두 일상의 삶을 누리고
있습니다. 그런데 왜 고독사 위험군은
로봇과만 이야기를 나누어야 할까요.

를 만족시키지 못합니다.

제 생각에 고독사 예방에 필요한 로봇은 위급 시 녹음된 목소리와 현재 장소를 지정된 상대에게 보내는 '15분 알림벨' 하나면 충분합니다. 고독사 예방에는 기술력이 아닌 인력이 필요합니다.

홀로가구 거주자와 대화도 자주 나누시는 것으로 아는데 노인 분들이 바라는 지원은 무엇인가요?

그들이 원하는 것은 자신의 죽음을 자신이 그릴 수 있는 제도와 지원이라고 생각합니다. 책에서 생전계약을 신탁회사가 아닌 정부 또는 정부로부터 위임받은 단체가 하자는 말을 그냥 적은 것이 아닙니다. 생전계약으로 사후 뒤처리를 위탁받는 안심장례 서비스 전단지를 돌린 적이 있습니다. 수많은 전화를 받았습니다.

대부분 '내가 집사람하고 둘이 사는데 집사람이 치매다. 자식들은 어디서 살고 있는지 연락도 없다. 그런데 내가 오래 살지 못할 것 같다. 내가 죽으면 치매 걸린 아내가 걱정이다. 집을 팔아서 아내가 시설에서 생활할 수 있게 도와달라', '가족이 나와 연을 끊었다. 나는 장례를 치르고 내 아내 옆에 묘를 쓰고 싶다. 내가 죽으면 재산을 처분해서 장례를 치러주고 마누라 옆에 매장해달라. 남은 돈은 수고비로 가져가라.'는 내용이었습니다.

하지만 저는 이 활동을 중단했습니다. 제 힘이 부족했기 때문입니다. 관공서에 '원하는 사람이 많으니 유사한 서비스를 제공하라' 요청하니 "수익이 있는 사업이기에 다른 업체에 편의를 제공했다는 오해를 받을 수 있어 안 됩니다"라는 답변을 받았습니다. 특혜가 문제라면 여러 업체와 협업을 하면 되지 않느냐 그리고 수익이 발생하면 연말 불우이웃돕기 성금으로 내면 되지 않느냐 하는 질문에도 힘들다고 하더군요.

저는 생전계약이 정부 차원에서 시작되었으면 합니다.

청년 고독사

전문가들은 고독사 원인으로 1인 가구, 이혼, 실직, 장애, 빈곤 등 사회적 문제의 심각성을 꼽습니다. 사회로부터의 단절, 고독한 삶이 고독한 죽음으로 이어지는 것이지요. 이 책의 제목처럼 '고독사'는 '사회적 타살'인 것입니다. 우리 사회는 불평등, 승자독식, 각자도생이란 사회구조가 더욱 심각해지고 있는 것 같습니다. 이에 대해 선생님의 생각을 말씀해 주십시오.

현대 사회에서 불평등, 승자독식, 각자도생이라는 말은 더 이상 생소하지 않습니다. 많은 사람이 경쟁하고 있고, 모두 이를 당연하게 생각합니다. 승자가 모든 걸 차지하면 패자는 어떻게 되는 걸까요. 씁쓸한 현실입니다.

경쟁은 '된 놈'보다 '난 놈'이 되길 바랍니다. 하지만 저는 이 사회가 '된 놈'을 키우는 사회가 되길 바랍니다. 책과 학교 수업에서 벗어나 좋은 부모와 어른의 뒷모습을 보고 자라 인성과 덕을 갖춘 사람 말입니다. 자신을 넘어 주변에도 관심을 줄 수 있는 사람이 늘어난다면 우리 사회는 다시 유연사회가 될 수 있지 않을까요.

　전 세계적으로 한국은 2030 고독사 1위, 출산율 0.84명으로 세계 최저, 자살률 OECD 1위입니다. 경제는 어렵고, 취업은 힘들고, SNS 등으로 남들과의 비교는 쉬워졌습니다. 현재 청년 고독사에 대한 인식과 복지 제도는 어떠한가요?

　청년 고독사는 그간 주목을 받지 못했습니다. 고독사는 노인만이 겪는 것으로 생각되었죠. 실제 한국 고독사에서 청년 고독사가 차지하는 비율은 낮습니다. 하지만 어딘가에서 청년이 고독하게 죽고 있습니다. 이들을 외면해선 안 됩니다.

　2022년 8월부터 9개 광역자치단체에서 '고독사 예방 및 관리 시범사업'이 본격적으로 실시되었습니다. 지역 여건과 특성에 따라 고독사 위험군을 발굴하고 안부확인, 생활지원, 심리·정신지원, 사전·사후

청년 고독사는 그간 주목을 받지 못했습니다.
고독사는 노인만이 겪는 것으로 생각되었죠.
실제 한국 고독사에서 청년 고독사가
차지하는 비율은 낮습니다. 하지만 어딘가에서
청년이 고독하게 죽고 있습니다. 이들을
외면해선 안 됩니다.

관리 중 하나 이상을 시행하는 사업입니다. 이 사업에 청년, 중장년 1인 가구가 포함되었습니다. 청년 고독사에 관심을 가지기 시작한 것입니다.

지금까지의 청년복지는 대체로 일자리 창출이었습니다. 하지만 청년들이 원하는 것이 일자리뿐일까요? 2023년 1월 조사 결과 서울에서 고립·은둔 상태에 있는 청년이 13만 명이라고 합니다. 원인에는 실직 또는 취업의 어려움, 심리적·정신적 어려움, 인간관계를 맺는 것의 어려움이 있었습니다.

이들 중 43%는 고립·은둔 생활을 벗어나기 위해 시도를 했었습니다. 가장 필요한 지원으로 경제적 지원을 꼽았고 취미·운동 등의 활동, 일자리나 공부 기회, 심리상담이 뒤를 이었습니다. 고립·은둔 청년은 곧 고독사 예비군입니다. 이들이 원하는 복지가 이루어지면 좋겠습니다. 제가 책에서 말한 생활공동체도 좋은 방법이라 생각합니다.

<고독사>(2011, 제제 다카히사 감독)란 일본 영화가 있습니다. 모든 관계를 거부하고 무덤덤하게 삶을 살아가

던 코헤이가 죽은 사람의 유품들을 정리하면서 삶에 대한 의미를 조금씩 깨닫는다는 내용인데요. '삶과 죽음'의 의미를 반추하는 이런 영화는 고독사 예방에 도움이 될까요?

저도 제제 다카히사 감독의 영화를 본 적이 있습니다. 죽음을 통해 삶의 의미를 찾는 것을 옆에서 지켜본 경우도 있습니다.

제 친구 중에 공부를 잘해 좋은 대학에 가서 박사까지 한 사람이 있습니다. 그런데 이혼하고 회사도 퇴직하고 혼자 살더니 우울증에 걸렸습니다. 저는 그 친구를 데리고 특수청소를 하러 갔습니다. 두 번 정도 아무 말 하지 않고 함께 망자의 유품을 정리하고 청소했습니다. 그런데 청소 도중 친구가 보이지 않았어요. 찾아보니 옥상에서 혼자 울고 있었습니다. 진짜 꺼이꺼이 말입니다. 그 후 친구는 우울증도 치료하고 자신의 전공에 맞는 일을 하고 있습니다. 그 친구가 어떤 생각을 했는지 정확히는 알 수 없으나 자살은 막았다고 생각합니다.

삶과 죽음의 의미를 생각하게 하는 영화가 자살 예방에는 효과가 있다고 생각합니다. 제 친구 경험처럼요. 하지만 고독사 예방에 효과적일지는 잘 모르겠습니다. 영화를 계기로 고독사에 관심을 가지고 사회적 대책을 찾아간다면 좋겠지만 고독사한 사람의 삶과 심정을 사실적으로 담을 수 있을까요.

무연고자 장례

무연고자 장례에서 실제로 연고자가 없거나 알 수 없는 경우는 28.3%입니다. 나머지 71.7%는 경제적 어려움을 이유로 시신인수를 포기한 경우입니다. 저소득자를 대상으로 한 장례 지원은 어떠한가요? 인수를 포기하는 이들은 사회적 지원을 몰라서일까요, 지원금이 적어서일까요?

장사 등에 관한 법률로 80만 원의 장례 비용이 지원됩니다. 저와 함께 무연고자 장례를 지원하는 장의사 친구의 말에 의하면 한 명의 무연고자를 그냥 보내지 않고 일일장이라도 치러 추모공간을 마련하면 최소 180만 원이 든다고 합니다. 벌써 지원금을 초과합니다. 그래서 그동안은 입관, 염, 장지 없이 안치실에서 바로 화장되었습니다.

가족이 시신인수를 한다면 추가로 드는 비용이 있습니다. 바로 안치료입니다. 고독사 사망자의 가족을 찾는 데 보통 일주일, 길게는 한 달 정도가 걸립니다.

그 사이에 안치료가 쌓입니다. 안치료는 보통 하루 6만 원입니다. 일주일만 지나도 42만 원. 생계를 걱정하는 사람들에겐 큰돈입니다. 지원금이 턱없이 부족합니다.

사실 장례시설은 무연고자 받기를 꺼립니다. 안치실에 있는 시신이 가족에게 인계되어야 안치료를 받을 수 있기 때문입니다. 무연고자의 안치비는 경찰서에 청구하지 못합니다. 2022년에 부산시에서 첫 무연고자 공영장례를 지원했습니다. 이를 통해 더 많은 무연고자가 존엄한 죽음을 맞이할 수 있길 바랍니다.

영화 <아이>(2021, 김현탁 감독)에서 보호종료아동의 장례를 친구들이 치러주지 못하고 무연고자 장례식으로 행해졌던 것이 기억납니다. 「장사법」 제2조 16항에 시신을 인도받을 권리가 있는 '연고자'는 권리 순서대로 배우자, 자녀, 부모, 자녀 외의 직계비속, 부모 외의 직계비속, 형제자매, 그 외 치료시설이나 보호시설 관계자, 마지막으로 시신이나 유골을 사실상 관리하는 자입니다.

2022년 보건복지부의 장사 업무 안내에서 시신이나 유골을 사실상 관리하는 자에 사실혼 관계, 장기간 지속적으로 동거하며 주거를 같이한 경우, 실질적 부양이나 경제적 지원 및 정서적 유대관계, 지속적 간병이나 돌봄을 제공한 경우를 포함시켰습니다. 시신인수자의 범위가 넓어짐에 따라 지인이 장례를 치러주는 경우가 많아지고 있나요?

관련 법률이 통과되었지만 지인들이 인수해서 장례를 치르기는 쉽지 않습니다. 가족을 찾는 데 수일이 소요되고 가족이 시신인수를 포기해야 지인에게 순위가 돌아갑니다. 지인들이 시신을 인수할 자격이 되는지를 확인하는 데도 수일이 소요됩니다. 확인에 확인을 거치는 동안 안치료가 쌓여 갑니다. 장례를 치러줄 결심을 해도 안치료를 듣고 포기하는 경우가 있습니다.

무연고자가 유서를 통해 장례 비용을 남기거나 자신이 원하는 장례 방법을 적은 경우는 어떻게 되나요? 유서대로 장례를 치러줄 수 있나요?

아쉽게도 불가능합니다. 『고독사는 사회적 타살입니다』에도 유서가 담겨 있습니다. 유서가 효력을 내기 위해서는 유서 내용을 특정해야 합니다. '내 재산을 누구에게 준다, 어디에 사용해 달라'로는 부족합니다. '내 재산 중 000은 누구에게' 이런 식으로 구체적으로 적어야 합니다. 거기에 유서를 쓴 연월일, 동호수까지 정확히 기재된 주소, 성명, 날인까지 있어야 합니다. 무연고자가 이런 유서를 적지 않는 이상은 유서대로 장례를 치를 수 없습니다.

선생님은 무연고자 사망자를 위한 시민단체를 운영하신 것으로 압니다. 시민단체를 운영하며 어려움은 없으셨나요?

전임 시장 시절 '1인 가구 우울증 척도검사 및 치료·예방 시범사업'을 실시했고 고독사예방팀을 발족했습니다. 민간복지기관과 연계해서요. 그때 수많은 단체가 생겨났습니다. 시민단체가 늘어남에 따라 일이 효율적으로 진행되지 못하고 있습니다. 무연고자 장례를 치러도 담당 시민단체가 아니면 참여도 하지 않으니 썰렁한 경우가 많습니다. 한두 군데로 모아야 효용과 예산, 두 마리 토끼를 모두 잡을 수 있습니다.

끝으로 『고독사는 사회적 타살입니다』 독자들께 전하고 싶은 말씀 부탁드립니다.

어릴 적 저희 집은 제사 때마다 엄청난 음식을 만들었습니다. 삶의 여유가 없는데도 말입니다. 하루는 제가 어머니께 물었습니다.

"엄마, 음식을 너무 많이 하는 것 아닌가요?"

"주변에 밥 굶은 사람이 많다. 대부분 할매, 할배인데 젊었을 때는 자식에게 밥을 양보해서 굶었고, 늙어서는 자식들이 밥을 해주지 않아 굶고 있다. 부모라는 이유 단 하나만으로 밥을 굶으면 안 된다고 생각한다."

그 후로 전 제 어머니의 이름을 따 노인들에게 무

저는 화려하고 부유한 세상을 원하지
않습니다. 작은 행복을 누구나 누릴 수 있는
세상을 원합니다.

료식사를 제공하는 재단을 설립하는 목표를 가졌습니다. 저는 화려하고 부유한 세상을 원하지 않습니다. 작은 행복을 누구나 누릴 수 있는 세상을 원합니다. "물 위를 걷는 것이 기적이 아니라, 지금 살아 숨쉬는 순간의 연속이 기적이다"라는 법정스님의 말이 있습니다. 맞습니다. 지금은 기적을 일으킨 사람들이 살아 있는 것입니다. 그러니 서로 잘했다고 격려와 칭찬을 합시다. 부인이 남편에게, 남편이 아내에게, 부모가 자식에게, 자식이 부모에게, 친구가 친구에게, 직장동료끼리. 서로를 보듬어 줍시다. 세상에 소외받는 사람이 없을 때까지 말입니다.

고독사는 사회적 타살입니다

초판 1쇄 발행 2023년 2월 20일
　　3쇄 발행 2023년 4월 14일

지은이 권종호
펴낸이 강수걸
기획실장 이수현
편집장 권경옥
편집 이선화 강나래 신지은 오해은 이소영 이혜정 김소원
디자인 권문경 조은비
펴낸곳 산지니
등록 2005년 2월 7일 제333-3370000251002005000001호
주소 부산시 해운대구 수영강변대로 140 BCC 613호
전화 051-504-7070 | 팩스 051-507-7543
홈페이지 www.sanzinibook.com
전자우편 sanzini@sanzinibook.com
블로그 http://sanzinibook.tistory.com

ISBN 979-11-6861-133-7 03330